Ray Comfort

Gründe, um zu bleiben

Ein Gespräch über **Depressionen** und **Selbstmordgedanken**

This book was first published in the United States by Genesis Publishing group, 2002 Skyline Place, Bartlesville, OK 74006 with the title „How To battle depression & suicidal thoughts", copyright ©2017 by Ray Comfort. Translated by permission.

Bibelzitate sind in der Regel der Menge 2020 Übersetzung (CLV Bielefeld) entnommen.

2. Auflage 2025

© der deutschen Ausgabe 2023 bei
Daniel-Verlag
Gewerbegebiet 7
17279 Lychen
www.daniel-verlag.de

Satz: Ljubow Ertel, ertelier.de
Umschlaggestaltung: Lucian Binder, Marinheide
Übersetzung aus dem Englischen: Johanna Kuhs
Lektorat: Johanna Kuhs
Druck: ARKA, Cieszyn, Polen
ISBN: 978-3-945515-80-8

Inhaltsverzeichnis

Vorwort des Herausgebers

Es mag sein, dass du bereits viele Ratschläge bekommen hast, an wen du dich wenden könntest. Vielleicht hast du aber auch bislang „alles in dich hineingefressen"... Ja, das Thema „Depressionen" ist komplex und vielschichtig, und man kann sich von mehreren Seiten dem Thema nähern. Auf der einen Seite gibt es Depressionen in Form von psychischen Erkrankungen, deren medizinische Behandlung durch entsprechende fachärztliche Betreuung unumgänglich ist, und es gibt viele Beispiele aus Vergangenheit und Gegenwart, wo Menschen unter Depressionen litten oder leiden. Wir als Herausgeber dieses Heftes weisen deutlich darauf hin, dass eine Depression unbedingt durch Fachpersonal diagnostiziert und behandelt werden muss. In solchen Fällen besteht die Gefahr, Menschen mit Depressionen mit der Annahme oder Vermutung unter Druck zu setzen, die Ursache für ihre Probleme würde in ihrem mangelhaften Glaubensleben liegen.

Auf der anderen Seite gibt es aber auch oft die Tendenz, Charakterschwächen, Neigungen, Angewohnheiten oder auch sündiges Verhalten als depressiv zu definieren, wobei hier sehr wohl ein geistliches Problem vorliegt, und gute biblische Seelsorge durch vertrauenswürdige Christen angeraten ist.

Das vorliegende Buch schildert packend eine fiktive Unterhaltung zwischen einem suizidgefährdeten Jugendlichen und einem Seelsorger, wobei die rettende Botschaft scharfsinnig, logisch und biblisch fundiert erklärt wird. Dabei bewegt sich der Autor Ray Comfort im beschriebenen Grau-Bereich zwischen Depression als Erkrankung, die behandelt werden muss und emotionalen Höhen und Tiefen andererseits, aus denen Jesus Christus als Retter und Heiland-Gott herausholt.

Wir wünschen dir und jedem Leser sehr, dass er das wirkliche Leben ergreift!

Kapitel 1
An der Golden Gate Bridge

Aus schwindelerregender Höhe starrte er in die neblige Bucht, als ob die Lösung seiner Probleme irgendwo da draußen zu finden sei. Was hielt ihn noch davon ab, sich das Leben zu nehmen?

Er hätte sich einfach nur vom Geländer nach vorne lehnen und fallen lassen müssen, doch er war hin- und hergerissen. Es würde nicht ganz schmerzlos sein, aber wenigstens würde es schnell gehen, und viel weniger qualvoll sein als dieses Leben, dachte er.

Er fühlte sich so hoffnungslos und wusste nicht mehr, wofür er noch leben sollte. Und doch wollte er es - leben. *Und wie er es wollte.*

Ich bin kein großer Fan von Menschenansammlungen. Deshalb ging ich lieber an einem sehr frühen

Dienstagmorgen, an dem noch nicht so viele Touristen unterwegs waren, zur berühmten Golden Gate Bridge. Ich wollte ein schönes Sonnenaufgangsbild für eine bevorstehende Veröffentlichung machen, und die Brücke war der ideale Ort, um es zu schießen. Eigentlich war kein Nebel angesagt, aber, wie so oft in San Francisco, wurde auch an diesem Morgen alles in eine trübe Suppe getaucht. Ich überlegte gerade, ob ich umkehren oder warten sollte, bis er sich lichtete, als ich ein paar Meter von mir entfernt die Umrisse einer Gestalt im Nebel erblickte.

Jemand war über das Stahlgeländer geklettert und hockte auf einem schmalen Vorsprung - und man konnte genauso gut sagen: am Rande des Lebens. Der Vorsprung bestand aus einem etwa 70 Zentimeter breiten Träger, der sich knapp 70 Meter über dem eisigen, grauen Wasser der Bucht von San Francisco befand.

Als ich mich vorsichtig näherte, sah ich, dass es sich um einen jungen Mann handelte, etwa Anfang zwanzig, mit kurzem blondem Haar. Mir war klar, dass eine plötzliche Bewegung oder ein falsches

Wort von mir in einer Tragödie enden würde, also betete ich kurz um Weisheit.

Ich fragte ihn freundlich nach seinem Namen, sagte ihm meinen, dass ich Christ sei und mich gerne mit ihm unterhalten würde. Meine Worte schienen ihn zu überraschen, aber er bewegte sich nicht vom Fleck.

„Ist das eine Art Künstlername für Leute, die einen Hoffnungsschimmer und ein bisschen Trost brauchen?"[1], antwortete er ironisch.

Ich versicherte ihm, dass dies mein wirklicher Name sei und dass ich ihn einfach nur bitten wollte, mir zuzuhören. Ich wusste, dass Experten oft empfehlen, einen Selbstmordgefährdeten zum Reden zu bringen, aber ich befürchtete, dass das Reden über seine Probleme ihn dazu bringen könnte, zu springen, und ich wusste nicht, wie viel Zeit er mir geben würde. So komisch es klingen mag, ich wollte ihm tatsächlich so schnell wie möglich einen Hoffnungsschimmer und etwas Trost spenden.

„Auch wenn deine Lage im Moment noch so schwierig und belastend ist, hast du einen unschätz-

---

1 ray = Schimmer; comfort = Trost

baren Wert. Ich denke, ich kann dir einige gute Gründe nennen, warum du dir nicht das Leben nehmen solltest", begann ich.

„Ich habe mich schon entschieden. Ich werde springen. Sie können mir nichts Neues erzählen, was ich nicht schon gehört habe", gab er zurück.

„Und wenn ich gesprungen bin, was werden Sie dann tun? Sie werden als Versager dastehen. Ihre kleine Ansprache hat nicht geholfen. Ihre ‚christlichen Lösungen' können bei meinen großen Problemen nichts ausrichten. Ich habe Freunde, die gestorben sind, ohne dass Gott ihnen geholfen hat."

„Wie heißt du?" fragte ich vorsichtig. *„Das geht Sie nichts an." „Wenn du dich bereits entschieden hast, zu springen, hast du nichts zu verlieren, wenn du zuhörst. Versprichst du mir, dass du nicht springst, bevor du mich nicht angehört hast?" „Warum sollte ich?"*

„Na gut, du kennst mich nicht und weißt nicht, was ich erzählen möchte", gab ich zu. *„Darf ich dir erzählen, was dem Bruder meines Freundes passiert ist?"*

„Ist mir doch egal, was dem Bruder Ihres Freundes passiert ist. Aber wenn's Ihnen Spaß macht...",

seufzte er. *„Erzählen Sie mir von dem dämlichen Bruder Ihres dämlichen Freundes."*

Ich war mir nicht sicher, wie seine Reaktion zu verstehen war: ob er immer noch kurz davor war, zu springen, oder ob er bereit war, mir zuzuhören, aber jede Minute, in der er weiter mit mir sprach, machte mir Mut.

Ich fing an: *„Der Name meines Freundes ist Stuart Scott, und es passierte 2012 in Utah. Eine Gruppe maskierter Männer mit scharfen Messern nahm Stan, seinen jüngeren Bruder, betäubte ihn, schnitt ihm die Brust auf und entnahm ihm das Herz. Und niemand unternahm etwas, um sie aufzuhalten."*

„Ernsthaft? Das ist eine der absurdesten Geschichten, die ich je gehört habe. Diese Welt ist dermaßen kaputt!", rief er aus und wurde zunehmend wütender.

„Genau das macht mich so fertig. Überall, wo ich hinschaue, gibt es nur Schreckensmeldungen. Und das soll mich davon abhalten, mich umzubringen?"

„So wie es sich anhört, denkst du, dass es schrecklich war", erklärte ich ihm schnell. *„ Dir fehlen aber wichtige Informationen. Was damals passiert ist,*

war nicht schlimm. Es war gut."

„Na dann, Sie Schlaumeier. Ändern Sie meine Meinung", spottete er.

„Es waren Chirurgen."

„Was meinen Sie damit?"

„Es waren Herzchirurgen, die ihren Mundschutz aufsetzten, ihre Skalpelle nahmen, den Mann mit einer Narkose betäubten, seinen Brustkorb aufschnitten, sein krankes Herz entnahmen, das ihn umgebracht hätte, und ihm ein Herz einpflanzten. Diese brillanten Männer retteten sein Leben!"

„Ach so", meinte er versöhnlich.

„Siehst du? Noch vor dreißig Sekunden dachtest du, dass das, was sie getan haben, böse war, aber jetzt, mit den fehlenden Informationen, hast du deine Meinung komplett geändert. Nur drei kleine Worte änderten deine Meinung von etwas abscheulich Bösem zu etwas wundervoll Gutem.

Diese kleine Information ließ die Welt gleich anders aussehen, sodass du die Wahrheit erkennen konntest."

„Okay… verstanden. Aber was hat das mit mir zu tun? Es ändert nichts an meinem Entschluss zu springen. Ich werde es trotzdem tun."

„Nein, ich bin auch noch nicht fertig", sagte ich. „Der Punkt ist, dass du dich entschieden hast, dir das Leben zu nehmen, aber ich hätte da noch ein paar Informationen, die die Sache vielleicht anders aussehen lassen. Dein Leben ist wertvoll, du glaubst aber, dass es nicht lebenswert ist, weil du deine Situation aus deiner begrenzten Perspektive betrachtest. Alles, worum ich dich bitte, ist, dass du mir kurz zuhörst. Ich glaube, dass sich für dich alles ändern kann. Ich möchte dir Gründe nennen, die dir meiner Meinung nach zeigen, dass das, was du vorhast, falsch ist. Ich meine nicht, moralisch falsch. Ich meine ‚falsch' in dem Sinne, dass es nicht zu deinem Besten ist."

„Na gut, ich verstehe. Wenn die Informationen tatsächlich so revolutionär sind, wie Sie behaupten, und sie meine Sichtweise verändern, gebe ich Ihnen mein Wort, dass ich nicht springen werde. Aber ich glaube nicht, dass es dazu kommen wird."

„Lass es uns versuchen", sagte ich erleichtert. „Aber du musst mir versprechen, dass du mir nicht *übelnimmst, was ich sage. Ich werde nämlich über Gott und andere Dinge sprechen, die dir vielleicht ein schlechtes Gewissen machen."*

„Sie sind ja mal witzig. Ich stehe am Rand der Golden Gate Bridge und bin kurz davor, zu springen. Ich habe mich in meinem ganzen Leben noch nie so schlecht gefühlt, und Sie glauben, dass Sie mich dazu bringen könnten, mich noch schlechter zu fühlen?"

Er schüttelte ungläubig den Kopf und meinte niedergeschlagen: *„Ich fühle mich ja jetzt schon schuldig. Ich fühle mich unbeschreiblich allein. Es gibt keinen Sinn und keinen Grund mehr, weiter zu leben. Und wissen Sie was? Ich glaube nicht einmal an Gott; ich glaube an die Wissenschaft und die Vernunft. Sie haben also eine unmögliche Aufgabe. Aber nur zu. Bringen wir es hinter uns."*

„Danke", antwortete ich sehr ermutigt. Ich wusste, dass nichts unmöglich war ...

Kapitel 2
Ein passiver, liebloser Gott?

Ich befand mich auf dem Gehweg der Brücke, während der junge Mann auf der anderen Seite des Geländers, etwa einen Meter unter mir, auf dem Vorsprung stand. Wenn er sprach, wich er meinem Blick aus. Ich wollte die Distanz etwas verringern und bat ihn um Erlaubnis, mich in seine Nähe setzen zu dürfen. Wenn ich ihn schon nicht vom Vorsprung herunterholen konnte, so hoffte ich doch, ihn wenigstens dazu zu bringen, sich zu setzen. Auf diese Weise wäre die Wahrscheinlichkeit geringer, dass er sich während der Unterhaltung von der Brücke stürzen würde. Er war einverstanden.

Als ich mich auf den nassen Gehweg setzte und durch eine Lücke im Geländer schaute, wandte er sich mir zu, so dass ich nun den Großteil seines Gesichts erkennen konnte. *„Du glaubst nicht an Gott, also lass uns an diesem Punkt anfangen"*, begann ich.

„Leider hat der Atheismus in letzter Zeit stark zugenommen, sodass Millionen junger Menschen wie du gelehrt wurden, es gäbe keine Beweise für die Existenz Gottes. Vielmehr denken sie, dass sie ausreichend Beweise haben, dass Gott nicht existiert. Denken wir nur an all die hungernden Kinder, die verheerenden Erdbeben und die Krebserkrankungen, die jedes Jahr Millionen von Menschenleben fordern."

„Wenn man dann noch all die Bosheit in der Welt hinzunimmt, wie kann dann noch jemand glauben, dass es einen liebenden Gott gibt, der sich um seine Schöpfung kümmert?", warf er entrüstet ein.

„Wenn es überhaupt einen Gott gibt, dann ist er lieblos, weil er tatenlos zusieht, wie Böses geschieht. Was für ein Vater würde zulassen, dass seine Kinder schrecklich leiden, während er danebensteht und zusieht? Die Religion hat der Menschheit kein bisschen geholfen."

Er war jetzt richtig in Fahrt gekommen und wurde immer munterer. *„In Wirklichkeit hat doch* *die Religion das Böse mit sich gebracht. Ohne Religion wären wir besser dran. Man denke nur an die Tausenden von Kindern, die von pädophilen Priestern missbraucht wurden, oder all die naiven Spinner, die reichen, aalglatten Fernsehpredigern ihr Geld hinterherwerfen. Die Religion ist für mehr Kriege verantwortlich als alles andere in der Geschichte. Wie wollen Sie bei all dem die Existenz eines liebenden Gottes erklären?"*

„Da hast du recht. Das sind legitime Einwände", gab ich zu. Immerhin äußerte er seine Ansichten - Gedanken, die ich schon von unzähligen Menschen gehört hatte.

„Das Böse in der Welt lässt sich nicht leugnen. Es gibt viel zu viel davon. Aber das hat nichts mit der Position des Atheismus zu tun. Der Atheismus sagt, dass es keinen Gott gibt, aber du sagst nur, dass, wenn es einen Gott gibt, er lieblos ist. Nehmen wir an, ein Mann behauptet, er habe einen Wolkenkratzer vom Fundament bis zum hundertsten Stock gebaut. Er verfügt über die nötigen Qualifikationen und Erfahrungen sowie über andere Gebäude, auf die er verweisen kann, um zu belegen, dass er den Wol-

kenkratzer wirklich gebaut hat. Du behauptest, der Mann sei ein Dieb und Lügner, und deshalb habe das Gebäude keinen Erbauer. Das macht keinen Sinn. Ob der Bauherr gut oder böse ist, tut nichts zur Sache. Jedes Gebäude muss einen Erbauer haben. Es kann sich nicht selbst bauen. Du magst dich darüber ärgern, dass Gott scheinbar untätig ist, wenn es um das Böse geht, oder darüber, dass der Mensch die Religion missbraucht," argumentierte ich, *„aber das ändert nichts an der Tatsache, dass wir dieses intellektuelle Problem der gesamten Natur vor uns haben. Woher kommt sie? Es ist wissenschaftlich nicht haltbar, dass sie von selbst entstanden ist."*

„Ich dachte, Sie hätten Beweise für die Existenz Gottes" spottete er, als er sich mir zuwandte. *„Ich will etwas Wissenschaftliches, etwas, woran ich mich festhalten kann. Ich kann mit diesem blinden Glauben nichts anfangen - an ein unsichtbares Wesen im Himmel zu glauben, wenn es keine Beweise gibt. Liefern Sie mir Beweise und ich werde zuhören."*

Über uns kreisten jede Menge krächzende grau-weiße Möwen. Wahrscheinlich waren sie gerade auf der Suche nach ihrem Frühstück, aber ich konnte mich des Eindrucks nicht erwehren, dass sie wie Geier über uns kreisten und den Tod witterten. Es war, als würden sie ihn anstacheln: *„Spring. Spring …"*

„Gut, ich werde dir wissenschaftliche Beweise liefern", begann ich. *„Glaubst du, dass ein Buch von selbst entstehen kann? Dass es seine eigenen Seiten gestalten kann, die mit zusammenhängenden Informationen gefüllt sind? Erst war da nichts, dann fiel plötzlich Tinte aus dem Nichts auf Papier, das aus dem Nichts kam und formte sich nicht nur zu sinnvollen Sätzen, sondern auch zu fortlaufenden Seitenzahlen. Bunte Tinte formte sich zu farbigen Abbildungen von Rosen, Sonnenuntergängen und Kolibris, und dann entwarf das Buch sein eigenes Cover. Kann ein Buch aus dem Nichts entstehen?"*

„Natürlich nicht. Das wäre absurd."

„Stimmt genau. Es ist völlig unmöglich. Schon mal was von der DNA gehört?"

„Klar", sagte er.

„Wissenschaftler bezeichnen die DNA oft als das Buch des Lebens. Sie ist nicht nur mit schlüssigen Informationen gefüllt, sondern Forscher beschreiben

sie als Buchstaben, die Absätze und Kapitel bilden. Dabei handelt es sich nicht um gewöhnliche Informationen, sondern um Programmierdaten. Deine DNA ist so komplex, dass sie die menschliche Vorstellungskraft übersteigt. Von dem Moment an, an dem du gezeugt wurdest, hat deine DNA die Anleitung geliefert, wie deine Augen, deine Ohren, deine Haut, deine Haare, deine Blutgruppe und deine Persönlichkeit beschaffen sind ... alles, was dich ausmacht, wurde von dem Moment an, an dem du gezeugt wurdest, in deine DNA geschrieben."

„Und?"

„Was würdest du von jemandem halten, der ernsthaft glaubt, dass ein Buch sich selbst erschaffen kann?", fragte ich.

„Um es mal politisch unkorrekt auszudrücken: Er wäre durchgeknallt. Niemand, der bei Verstand ist, würde behaupten, dass ein Buch sich selbst herstellen kann."

„Genau das meine ich. Was würdest du von jemandem halten, der glaubt, dass die DNA sich selbst erschaffen hat? Mit anderen Worten: von einem Atheisten. Auch nur einen Moment lang anzunehmen, *dass die unvorstellbar komplexe Programmierung in der DNA sich selbst erschaffen hat, lässt die Person, die glaubt, dass ein Buch sich selbst erschaffen hat, regelrecht vernünftig erscheinen. Atheismus ist unüberlegt. Er ist unwissenschaftlich und ergibt keinen Sinn. Jeder vernünftige Mensch, der sich zum Atheismus bekennt und behauptet, die DNA habe sich selbst erschaffen, hat doch etwas zu verbergen. Das kann nicht sein Ernst sein."* Als ich innehielt, um Luft zu holen, fragte ich mich, was er wohl sagen würde, aber ich konnte seinen Gesichtsausdruck nicht genau erkennen.

„Das ist also Ihr wissenschaftlicher Beweis für die Existenz eines intelligenten Geistes, der alles ins Leben gerufen hat. Es liegt außerhalb des Möglichen, dass die Natur sich selbst erschaffen hat."

Er schwieg einen Moment lang, bevor er antwortete. *„Dann bin ich wohl doch kein Atheist"*, antwortete er langsam. *„Und wenn schon. Das ändert doch nichts"*, fügte er trotzig hinzu. *„Es bleibt nur die Frage, wer dieser Schöpfer ist, warum er nichts über sich selbst sagt und warum er das Böse zulässt."* *„Stimmt. Das ist wirklich ein Problem."*

Kapitel 3
Warum es
das Böse gibt

Weder er noch ich hatten vorgehabt, so lange draußen zu bleiben. Ein frischer Wind fuhr durch meine
Jacke und ließ mich erschauern. Meine Hände waren eiskalt. Ich hätte sie am liebsten in die Taschen
gesteckt, während wir uns unterhielten, wollte aber
nicht salopp wirken. Es war trüb, nass und kalt. Der
junge Mann aber taute zusehends auf.

*„Kommen wir also auf den Charakter unseres
Schöpfers zu sprechen. Warum würde ein liebender
Gott Böses zulassen? Wohin wir uns auch wenden,
sehen wir das Böse. Spätestens aus den Nachrichten
erfahren wir es. Ein Polizeibeamter wurde erschos-
sen. Ein weißer Polizist wurde verhaftet, weil er einen
unbewaffneten schwarzen Jugendlichen getötet hat.
Ein junges Mädchen wurde brutal vergewaltigt und*

dem Tod überlassen, ohne dass der Täter jemals zur Rechenschaft gezogen wurde. Solche Dinge passieren täglich und sind kaum noch wegzudenken. Das Böse ist einfach überall."

Ich fuhr fort: *„Aber die Frage, die wir uns stellen müssen, ist: Woher wissen wir, dass das Böse böse ist? Woran machen wir das fest? Ist der Mord eines Polizisten falsch? Wenn ja, warum? Ist Vergewaltigung falsch? Was ist mit Diebstahl? Wenn ja, wer legt fest, dass es falsch ist? Die Gesellschaft? Wird Vergewaltigung dann legitim, wenn die Gesellschaft sie legalisiert? Ist Mord dann richtig, wenn er von der Gesellschaft gutgeheißen wird? Wenn eine Regierung unter einer Person wie Hitler die Tötung von sogenannten „Unerwünschten" anordnet, ist das dann moralisch in Ordnung? Angenommen, die Gesellschaft legalisiert in Zukunft Pädophilie, ist Pädophilie dann moralisch akzeptabel? Wenn nicht, warum nicht? Die „gesellschaftliche Moral" ist ein schmaler Grat.*

„Es ist die Moral, die den Menschen vom Tier unterscheidet", erklärte ich. *„Der Mensch hat ein natürliches Bewusstsein für Recht und Unrecht, des-*

halb gibt es das Justizsystem. Wir haben ein Gewissen - ein angeborenes Empfinden für Gut und Böse. Woher kommt es? Einiges davon ist offensichtlich von der Gesellschaft geprägt, aber das erklärt nicht, warum sich jede Gesellschaft in irgendeiner Weise am menschlichen Gewissen orientiert. Die Existenz des Bösen braucht einen Bezugspunkt."

„Aber das löst immer noch nicht das Problem, dass Gott aufgrund seiner Untätigkeit böse erscheint", wandte der junge Mann ein. *„Wenn er gut wäre, würde er nicht zulassen, dass Menschen verhungern, kleine Kinder an Krebs erkranken oder junge Mädchen vergewaltigt und ermordet werden. Du hast mich von der Existenz eines Schöpfers überzeugt, aber ich habe den Eindruck, dass der Schöpfer böse ist und deshalb will ich nichts mit ihm zu tun haben. Er hat sogar tatenlos mitangesehen, wie sein „auserwähltes Volk" von den Nazis vernichtet wurde. So viel zu deinem liebenden Gott"*, spottete er.

„In der Tat ist das Problem größer als nur Gottes Untätigkeit beim Holocaust. Wenn man sich die biblischen Berichte ansieht, hat er sein Volk auch in Ägypten und in Babylon leiden lassen. Und nicht nur

das, betrachtet man die christliche Botschaft, ließ er sogar seinen Sohn kreuzigen. Vielleicht hast du gehört, wie Jesus am Kreuz schrie: „Mein Gott, mein Gott, warum hast du mich verlassen?" Beweist das nicht, dass Gott lieblos ist? Aber man sollte keine voreiligen Schlussfolgerungen ziehen. Denk daran, wie eine einzige Information dir eine völlig neue Perspektive geben und deine Meinung innerhalb von Sekunden ändern kann."

„*Ich muss Sie etwas fragen*", warf er ein, während die nächste kühle Brise mir einen Schauer über den Rücken jagte. „*Besitzen Sie ein Haus? Haben Sie einen gut bezahlten Job? Eine Familie, die Sie liebt?*"

„*Ja*", gab ich nickend zu. „*Ich habe eine Frau und Kinder, die mich lieben, ich habe einen guten Job, und wir haben seit etwa zwanzig Jahren ein eigenes Haus. Es ist keine Villa, aber es hält den Regen ab. Warum fragst du?*"

„*Weil ich nichts von alledem habe. Als ich vierzehn war, brannte mein Vater mit einer anderen Frau durch, ließ seine Familie sitzen und brach meiner Mutter das Herz. Seitdem habe ich ihn nie wieder gesehen. Nach der Scheidung meiner Eltern zog meine Mutter mit einem Typen zusammen, der anfangs ganz nett war, sich dann aber als hoffnungsloser Säufer entpuppte. Er gab ihr gesamtes Geld aus, bis wir schließlich unser Haus verloren, weil wir die Raten nicht mehr zahlen konnten. Ich hasse meinen Vater dafür, dass er uns das angetan hat."*

„Aber das ist kein Grund, sich umzubringen."

„Nein, das stimmt. Mein Problem begann, als ein Mädchen vor ein paar Jahren von mir schwanger wurde. Wir waren auf einer Party, beide halb betrunken. Sie interessierte mich nicht wirklich, und als ich es erfuhr, drängte ich sie abzutreiben", erzählte er. *„Damals war das keine große Sache – mit ein paar hundert Dollar war das Problem aus der Welt. Jemand erzählte mir, dass sie sich daraufhin die Pulsadern aufschnitt. Sie überlebte zwar, aber scheinbar ist sie irgendwo in einer Psychiatrie. Als ich das hörte, überkam mich ein riesiges Schuldgefühl. Mein Gewissen quälte mich."*

Er hielt inne, als überlegte er, ob er weiterreden sollte. Dann fuhr er fort: *„Ich fing an, Drogen zu nehmen, anfangs nur zur Entspannung, um den Schmerz* *zu betäuben. Aber schon bald war ich abhängig, und ein paar Wochen später wurde ich gefeuert, weil ich zu oft gefehlt hatte. Also fing ich an, jeden zu bestehlen, der mir über den Weg lief, und dann zu dealen, um meine Sucht zu stillen. Ich wurde wegen Drogenbesitzes erwischt und musste drei Monate ins Gefängnis, gefolgt von zwölf Wochen Therapie. Die reinste Zeitverschwendung! Niemanden interessiert es."*

„Was ist mit deiner Familie? Du hast doch bestimmt Menschen, die sich kümmern."

„Das schon - bis ich anfing zu lügen und sie zu bestehlen. Meine Freunde vertrauen mir nicht mehr und wollen nichts mehr mit mir zu tun haben, und meine Mutter ist so enttäuscht darüber, was ich aus meinem Leben gemacht habe. Meine Freundin hat gerade mit mir Schluss gemacht, weil sie meine Wutausbrüche nicht mehr ertragen kann und ich alles an ihr auslasse. Ich weiß nicht, warum, aber ich rege mich über die kleinsten Dinge auf. Sie hat mich vor die Tür gesetzt, und jetzt weiß ich nicht mehr, wohin mit mir. Ich halte es nicht mehr aus, ständig Menschen zu verletzen, die mir eigentlich wichtig sind."

Niedergeschlagen ließ er die Schultern hängen, des Lebens und seiner Probleme überdrüssig.

„Es tut mir leid, dass du das alles durchmachen musstest. Ich kann mir vorstellen, dass das sehr schmerzhaft ist. Aber sie lehnen nicht dich ab", versuchte ich ihm zu versichern.

„Es sind die Drogen. Weißt du, was die Sucht mit dir macht? Sie raubt dir deine Würde. Sie legt dir Ketten um den Hals, an die Knöchel und Handgelenke und versklavt dich. Dann nimmt sie eine Peitsche und verpasst dir Schmerzen, wenn du dich nicht von ihr beherrschen lässt. Man schert sich nicht um das Essen, die Gesundheit oder gar die Hygiene. Aus Menschen werden Objekte, die man benutzt und belügt."

„Ja", seufzte er zustimmend, *„ich habe meiner Mutter so viel Kummer bereitet, dass sie mich nicht einmal mehr sehen will. Ich habe niemanden mehr. Im Ernst, du bist der erste Mensch, mit dem ich seit langem ein ernsthaftes Gespräch führe ... und ich kenne dich nicht einmal. Und trotz allem, was passiert ist, kann ich immer noch nicht vergessen, was ich getan habe. Ich frage mich ständig, ob ich mein eigenes*

Kind getötet habe. Ich kann diesen Gedanken nicht ertragen. Was würden Sie sagen?"

„Was hast du vor?", fragte ich nervös. „Willst du, dass ich etwas sage und dich springen lasse? Wenn es dir nichts ausmacht, würde ich jetzt lieber nicht darüber reden. Ich möchte dich etwas fragen. Wie lange hast du schon Depressionen?"

Du bist nicht allein

„Bin ich denn nur Gott in der Nähe – so lautet der Ausspruch des Herrn –, und nicht ein Gott auch aus der Ferne? Oder kann sich jemand in Schlupfwinkeln so verstecken, dass ich ihn nicht sähe? – so lautet der Ausspruch des Herrn. Bin ich es nicht, der den Himmel und die Erde erfüllt?"

(Jeremia 23,23.24)

„Der Herr ist nahe allen, die ihn anrufen, allen, die ihn in Treue anrufen."

(Psalm 145,18)

„Der Herr ist nahe denen,
die zerbrochenen Herzens sind, und hilft denen,
die zerschlagenen Geistes sind."

(Psalm 34,19)

„Müsste ich auch wandern in finsterem Tal,
ich fürchte kein Unglück, denn du bist bei mir;
dein Stecken und dein Hirtenstab,
die sind mein Trost." **(Psalm 23,4)**

„Ich habe dir also zur Pflicht gemacht:
Sei stark und entschlossen! Habe keine Angst und
verzage nicht! Denn mit dir ist der Herr,
dein Gott, bei allem, was du unternimmst."

(Josua 1,9)

„Denn er selbst hat gesagt: »Ich will dich nicht
aufgeben und dich nicht verlassen«;
daher können wir auch zuversichtlich sagen:
»Der Herr ist mein Helfer,
ich will mich nicht fürchten:
Was können Menschen mir antun?«

(Hebräer 13,5.6)

„Und wisst wohl: Ich bin bei euch alle Tage bis ans
Ende der Weltzeit."

(Matthäus 28,20)

„Fürchte dich nicht, denn ich bin mit dir! Blicke
nicht ängstlich umher, denn ich bin dein Gott! Ich
stärke dich und helfe dir auch und erhalte dich mit
der rechten Hand meiner Gerechtigkeit."

(Jesaja 41,10)

„Doch ich bleibe stets bei dir,
du hältst mich bei meiner rechten Hand."

(Psalm 73,23)

*„Wer sagt, dass ich depressiv bin? Glauben Sie das
nur, weil ich auf diesem Vorsprung sitze?"* Seine Reaktion wirkte in Anbetracht der Umstände beinahe
komisch.

„Irgendwie schon", sagte ich. *„Du würdest dein
Leben nicht beenden wollen, wenn du morgens vor*

Lebensfreude nur so strotzen würdest. Das hängt auf jeden Fall zusammen. Aber ich frage aus einem anderen Grund. Du hast nämlich gesagt, dass du deinen Vater hasst. Hast du eine chronische Depression?"

„Vermutlich schon", sagte er achselzuckend. *„Wann hat das angefangen?"* Er überlegte nicht lange. *„Als ich ungefähr vierzehn war."*

„Etwa zu der Zeit, als dein Vater euch verlassen hat?", erkundigte ich mich.

„So ungefähr. Schon nach dem, was er meiner Mutter angetan hatte, habe ich ihn gehasst und war froh, als er ging."

„Ich glaube, deine Depression hängt direkt mit deinem Hass auf deinen Vater zusammen", vermutete ich. *„Hass hinterlässt immer Spuren. Er frisst sich in die menschliche Seele ein. In der Bibel steht …"*

Offenbar hatte ich einen wunden Punkt getroffen, denn sein Verhalten änderte sich schlagartig.

Er drehte sich direkt zu mir um, und blitzte mich an: *„Wissen Sie was? Sie machen mich langsam wütend mit Ihrem ‚Die Bibel sagt'. Was glauben Sie, wer Sie sind?"*, stieß er hervor. *„Sie erinnern mich an meinen Vater und das kann ich gerade gar nicht* *haben. Er hat genau das gleiche gesagt: ‚Die Bibel sagt‘ ... die ganze Zeit. Er zwang mich, in die Kirche zu gehen und mir sinnloses Geschwafel anzuhören. Wissen Sie, was das mit einem Zehnjährigen macht? Ich habe es gehasst. Er war so ein Heuchler. Er sagte das eine und tat das andere. . . „Ich glaube an Gott“, und dann brennt er mit einer Arbeitskollegin durch. Wissen Sie, was er noch getan hat? Er kaufte ihr von dem Geld meiner Mutter Geschenke. Ich hasse ihn, und wegen Ihrem ‚Die Bibel sagt‘ würde ich am liebsten springen und alles beenden.“*

Seine Stimme und Hände zitterten vor Wut. *„Bitte spring nicht“,* flehte ich. *„Es tut mir leid. Ich werde vorsichtiger mit meinen Worten sein. Ich will nichts aufwühlen. Wenn ich noch mehr solcher Erinnerungen wachrufe, sag es mir einfach.“*

Kapitel 4
Nicht unter-
kriegen lassen

„*Es tut mir leid. Das mit deinem Vater wusste ich nicht*", entschuldigte ich mich. „*Ich möchte dir wirklich helfen ...*" Nicht nur seine Reaktion ließ mich vorsichtiger werden. Der Nebel lichtete sich allmählich, und da es inzwischen hell geworden war, befürchtete ich, dass er vielleicht doch springen würde, wenn uns jemand bemerkte. Wir kamen der Sache zwar näher, aber ich bezweifelte, dass er schon bereit war, ins Land der Lebendigen zurückzukehren.

„*Was auch immer Sie vorhaben, reden Sie mir bloß keine Schuldgefühle ein, weil ich durch meinen Selbstmord geliebte Menschen verletze. Das ist mir schon klar. Darüber habe ich bereits nachgedacht, das können Sie mir glauben*", sagte er und lehnte sich ein wenig zurück, als würde er sich entspannen. Bisher war sein Gesicht angespannt gewesen, als ob er mit den Zähnen knirschen würde. Das hörte plötzlich auf.

„Ich habe mir vorgestellt, wie meine Mutter reagiert, wenn sie es erfährt. Keine Sorge, niemand wird meine Leiche im Schrank finden oder mein Hirn von der Wand kratzen müssen. Ich habe alles durchdacht: Was mich umbringen wird, ist der Aufprall auf das Wasser. Es wird schnell und sauber gehen. Es wird sicher eine nette Beerdigung geben, ein paar Tränen werden fließen und der eine oder andere wird sich schuldig fühlen. Aber sie werden darüber hinwegkommen.

Ich weiß, dass man Selbstmordgefährdete zum Reden bringen will - das habe ich alles schon im Fernsehen gesehen.

Ich weiß, dass es gut für mich ist, meine Gefühle rauszulassen und von meinen Plänen abgelenkt zu werden. Also werde ich Ihnen den Gefallen tun; ich werde reden. Ich werde Ihnen sagen, was mir durch den Kopf geht. Das wird eine tolle Fallstudie für die Experten."

Ich war froh, dass er endlich begann, sich wirklich zu öffnen und über seine Gedanken zu sprechen. Mein offenes Ohr sollte er gerne haben.

„*Wissen Sie, wie es in meinem Kopf aussieht? Panik. Die nackte Angst*", sagte er energisch, setzte sich wieder aufrecht hin und sah mir in die Augen. „*So überwältigend, dass es mir fast den Atem raubt. Ernsthaft. Ich spüre mein Herz in meiner Brust schlagen. Es ist, als ob zwei Personen in meinem Kopf streiten. Und nein, ich bin nicht schizophren und ich muss auch nicht zum Psychiater. Eine Stimme ist kühl und berechnend. Sie ist die reine Logik, wie Mr. Spock. Sie redet mir ein, wenn ich aus diesem Schlamassel rauskommen will, wenn ich den Schmerz und das Gefühl der Hoffnungslosigkeit loswerden will, dann ist es nur logisch, so zu handeln. Spring einfach.*

Sie sagt: „Es wird nicht mehr in deiner Hand liegen. Die Schwerkraft wird die Kontrolle übernehmen und in ein oder zwei Sekunden wirst du auf dem Wasser aufschlagen und alles wird vorbei sein. Ganz einfach." *Aber es gibt einen anderen Teil in mir, der wie ein ängstliches Kind ist. Diese Stimme fleht mich leise an und sagt: „Was soll das? Das darfst du nicht tun! Dein Leben ist dir nicht egal. Was ist, wenn du gleich nach dem Absprung realisierst, dass du den größten Fehler deines Lebens gemacht hast? Es wird zu spät sein."*

„*Erzähl weiter. Ich höre zu.*" Und bete, dachte ich. Ich hatte schon öfter gehört, dass Menschen, die über Selbstmord nachdenken, nicht wirklich sterben wollen, sondern nur ihren Schmerz loswerden wollen. Irgendwie war es eine Erleichterung, zu hören, dass das auch bei diesem jungen Mann der Fall war. Seine Situation ließ sich ändern und die Probleme des Lebens konnten angegangen werden. Solange er noch atmete, gab es Hoffnung.

Er fuhr fort: „*Um ehrlich zu sein, ist Mr. Spock stärker als das Kind. Ich glaube, er wird diesen Kampf gewinnen. Im Grunde wünschte ich, dass Sie mir das ausreden - aber was ist, wenn Sie nicht mehr da sind und seine Stimme wieder stärker wird? Dann ist alles wieder beim Alten. Hoffnungslosigkeit. Hilflosigkeit. Ich halte das nicht mehr aus. Und das Tag für Tag.*

Noch während ich spreche, zieht mich Spock näher an den Abgrund und flüstert mir zu, ich solle springen. Bitte, helfen Sie mir!", flehte er. „*Sagen Sie irgendetwas, das hilft.*"

„*Ich kann dir helfen. Nicht, weil ich Psychologe bin, sondern weil ich weiß, wie du dich fühlst*", gestand ich offen. Wir hatten mehr gemeinsam, als

er ahnte. *„Ich kenne das Gefühl der Hoffnungslosig-*
keit. Das Gefühl einer Angst, die so stark ist, dass sie
einem den Atem raubt. Deshalb musst du zwei Dinge
tun. Nummer eins, und das ist das Wichtigste:

Der größte Fehler

„Alle 29 Menschen, die einen Selbstmordversuch von der
Golden Gate Bridge in San Francisco überlebten, bereu-
ten ihre Entscheidung, sobald sie abgesprungen waren.“
-Dr. Lisa Firestone, PsychAlive

„In dem Moment, als ich sprang, wurde mir klar, dass
das das Dümmste war, was ich hätte tun können.
Ich begriff, dass alles in meinem Leben, von dem ich
dachte, es sei unlösbar, durchaus wieder in Ordnung
kommen könnte - ausgenommen der Sprung selbst.“
-Ken Baldwin

„Schlagartiges Bereuen, mächtig, überwältigend. Als
ich fiel, wollte ich mich einfach nur wieder am Gelän-

der festhalten, aber es war weg. Ich fragte mich: ‚Was habe ich gerade getan? Ich will nicht sterben. Gott, bitte rette mich.' Ich erkannte, dass ich den größten Fehler meines Lebens gemacht hatte."

-Kevin Hines

Von den 515 Menschen, die daran gehindert wurden, von der Golden Gate Brücke zu springen, brachten sich anschließend nur 6 Prozent um.

„90 Prozent von ihnen schafften es. Sie durchlebten eine akute, vorübergehende Krise, überstanden sie, und als sie auf der anderen Seite wieder herauskamen, lebten sie weiter."

-Dr. Richard Seiden

„Ich unternahm einen Selbstmordversuch, indem ich mich auf die Bahngleise legte und von 33 Güterzugwaggons überrollt wurde. Ich verlor beide Beine, war aber immer noch bei Bewusstsein und lebte. Gott sei Dank! Gott gab mir eine zweite Chance, in den Himmel zu kommen und die Ewigkeit mit ihm zu verbringen. Ich erkannte, dass ich nicht selbst über mein Leben bestimmen konnte, und bat Ihn um Vergebung ... Heu-

te habe ich hier mehr Kraft, Freude, Frieden und Sinn, als ich mir je vorstellen konnte."

-Kristen Anderson

Hör in diesen Momenten nicht auf Mr. Spock. Er ist nicht dein Freund, er ist dein Feind. Kannst du mir das versprechen?"

„Ich versuch's."

„Zweitens, du musst mir vertrauen. Glaub mir einfach, dass ich es gut mit dir meine. Ich werde für diese Aktion nicht bezahlt. Ich habe fast genauso viel Angst wie du, schließlich liegt dein Leben sozusagen in meinen Händen. Wenn ich etwas Falsches sage oder du mich falsch verstehst oder denkst, dass du mir gleichgültig bist, könntest du einfach aufgeben und loslassen. Wenn du mir wirklich vertraust, passiert das nicht. Willst du das versuchen?"

Er holte tief Luft und atmete langsam aus. *„Ich kann nichts versprechen, aber ich werde mir Mühe* geben. Ich will nicht sterben. Aber ich will auch nicht leben. Sie haben sich also ganz schön was vorgenommen."

„Ich fürchte auch ...!" Jetzt war es an mir, tief durchzuatmen. „Aber ich werde alles geben, denn ob du es glaubst oder nicht, ich hab dich gern und mir liegt wirklich an dir, auch wenn ich dich kaum kenne. Schon die Tatsache, dass du mit mir sprichst, ist eine große Ermutigung. Ich habe Hoffnung, und ich hoffe, der Funke springt über." Du wolltest mir ja deinen Namen nicht sagen. Wahrscheinlich hast du Angst, dass ich deine Familie benachrichtige. Das werde ich nicht tun. Tust du mir bitte den Gefallen, ihn mir zu verraten? Es gibt einen wichtigen Grund dafür", erklärte ich. „Ich werde Sachen sagen, die dich vielleicht verletzen, aber wenn ich dich richtig ansprechen kann, wird es mir leichter fallen. Bitte?"

„John", sagte er leise, und nickte leicht.

„Okay, John", lächelte ich. „Danke! Ich werde jetzt wie ein Zahnarzt vorgehen. Er will deine Zähne retten, also untersucht er sie einen nach dem anderen auf Karies. Wenn er etwas sieht, behandelt er es. Das hat seinen Grund. Er will dich davon überzeugen, *dass deine Zähne repariert werden müssen, wenn du sie nicht verlieren willst. Der vorübergehende Schmerz, den er verursacht, ist also auf lange Sicht zu deinem Besten. Ich bin hier, weil du mir wichtig bist. Ich glaube, du bist es wert, gerettet zu werden. Das weiß ich sogar ganz sicher"*, betonte ich.

„Du bist viel mehr als das Tier, für das dich die Evolutionisten halten. Du bist nicht nur ein kosmischer Zufall, sondern ein moralisches menschliches Wesen, das nach dem Bild Gottes geschaffen wurde. In den Augen deines Schöpfers bist du unendlich wertvoll. Aber genau wie der Zahnarzt, kann ich dich nur davon überzeugen, indem ich dir zunächst Schmerzen zufüge. Jetzt kommt das Vertrauen ins Spiel. Bitte vertrau mir, während ich die Zähne untersuche. Bleib einfach ruhig sitzen und lass es geschehen. Das Ergebnis lohnt sich."

John brachte so viel Enthusiasmus auf, wie man es bei einem Zahnarzttermin erwarten konnte. *„Na dann los, Herr Zahnarzt. Ich sitze."*

„Ich hätte gerne, dass du nicht nur auf dem Stuhl sitzen bleibst. Ich möchte, dass du den Mund weit aufmachst und mich hineinschauen lässt. Damit meine

ich, dass du mir für ein paar Augenblicke dein Herz öffnest und wirklich ehrlich bist. Kriegst du das hin?"

"Ich hab Ihnen schon mehr erzählt, als sonst jemandem in den letzten Jahren. Also, ja, kein Problem."

"Hältst du dich für einen guten Menschen?"

"Klar. Ich habe Fehler gemacht, so wie jeder andere auch. Aber im Grunde bin ich ein guter Mensch." Im Gegensatz zu seinem vorherigen Auftreten wirkte John plötzlich selbstbewusster.

"Wie viele Lügen hast du schon erzählt? Ich meine damit nicht, dass du deiner Oma sagst, ihre Frisur sei schön, obwohl sie wie ein verlassenes Vogelnest aussieht. Ich spreche von handfesten Lügen."

"In meinem ganzen Leben?" Er zuckte mit den Schultern.

"Hunderte."

"Wie nennt man jemanden, der Hunderte von Lügen erzählt hat?"

"Einen Lügner."

"Du hast vorhin erwähnt, dass du Dinge gestohlen hast, um deine Drogensucht zu finanzieren. Wie bezeichnet man so jemanden?" fragte ich.

„Einen Dieb."

„Was bist du also?"

„Ein lügender Dieb", antwortete John.

„Aber im Herzen bin ich immer noch ein guter Mensch."

„Hast du jemals den Namen Gottes missbraucht?"

„Ständig."

„Jesus sagte: ‚Wer eine Frau ansieht, um sie zu begehren, hat in seinem Herzen bereits Ehebruch mit ihr begangen.' Hast du jemals einer Frau hinterher-geguckt?"

Wie fast alle Männer antwortete er mit Nach-druck. *„Klar!"*

Bitte Gott um Hilfe

„Ruft er mich an, so will ich ihn erhören; ich bin bei ihm in der Not, will ihn befreien und zu Ehren bringen. Mit langem Leben will ich ihn sättigen und lasse ihn schauen mein Heil."

(Psalm 91,15.16)

„Sooft den Herrn ich suchte, hat er mich erhört und
aus allen meinen Ängsten mich befreit."

(Psalm 34,5)

„An dem Tag, als ich rief, da hast du mich erhört,
hast mir Mut verliehen: In mein Herz kam Kraft."

(Psalm 138,3)

„Vom Ende der Erde rufe ich zu dir,
da mein Herz verschmachtet. Auf einen Felsen,
der mir zu hoch ist, wollest du mich führen!"

(Psalm 61,2)

„Nur im Aufblick zu Gott sei still, meine Seele!
Denn von ihm kommt meine Hoffnung;
nur er ist mein Fels und meine Hilfe,
meine feste Burg; ich werde nicht wanken."

(Psalm 62,5.6)

„Als meine Seele in mir verzagte,
da gedachte ich des Herrn, und zu dir
kam mein Gebet in deinen heiligen Tempel."

(Jona 2,8)

„So wollen wir denn mit Zuversicht zum Thron
der Gnade hinzutreten,
um Barmherzigkeit zu empfangen und
Gnade zu finden zu rechtzeitiger Hilfe."

(Hebräer 4,16)

„Gut, John, jetzt geht's ans Eingemachte. Lass mich nicht hängen. Bitte nicht böse oder beleidigt sein oder auf Mr. Spock hören. Ich werde dir jetzt die Wahrheit über deine Zähne sagen. Denk dran, ich tue das nur, weil ich dein Bestes will", sagte ich vorsichtig.

„Ich verurteile dich nicht, aber du hast gerade zugegeben, dass du im Grunde deines Herzens ein lügender, stehlender, gotteslästernder Ehebrecher bist. Dabei sind das nur vier der Zehn Gebote, also Gottes Moralgesetz. Es gibt noch sechs weitere, über die wir uns noch gar keine Gedanken gemacht haben. Die große Frage ist also: Wie beurteilt Gott dich? Wenn Gott dich am Tag des Jüngsten Gerichts anhand der Zehn Gebote beurteilt, wärst du dann unschuldig oder schuldig?"

„Schuldig", gab er zu. „Wenn ich nach diesem Maßstab beurteilt werde."

„Würdest du in den Himmel oder in die Hölle kommen?"

„Wenn ich nach den Zehn Geboten beurteilt würde, käme ich mit Sicherheit in die Hölle."

„Beunruhigt dich das?"

John schüttelte den Kopf. „Nein, ich glaube nämlich nicht an die Hölle."

„Das macht aber keinen Unterschied. Wenn ein Richter einen Angeklagten zum Tod durch den elektrischen Stuhl verurteilt und der Verbrecher sagt, dass er nicht an den elektrischen Stuhl glaubt, würde das auch nichts ändern. Sie würden ihn abführen und hinrichten, trotz seiner Überzeugungen. „In der Bi ... Schrift steht mehr über die Hölle als über den Himmel. Sie kündigt an, dass Gott eines Tages für Gerechtigkeit sorgen wird. Er wird das Böse bestrafen, das dich vorhin so verärgert hat. Nicht nur Mord und Vergewaltigung, sondern auch Lügen und Diebstahl", fügte ich hinzu. „Du wolltest, dass Gott eingreift, und das wird er auch tun, aber erst will er dir die Gelegenheit geben, Buße zu tun und den Retter anzunehmen.

Er will nicht, dass du in der Hölle landest. Seine Untätigkeit gegenüber dem Bösen hat also einen legitimen Zweck. Es ist zu deinem Besten."

Ich hielt inne, um zu sehen, wie er reagierte. Ich wollte auf keinen Fall, dass er vom Stuhl aufsprang - oder von der Brücke. *„Bitte sag mir, wenn ich zu viel rede oder du langsam sauer auf mich wirst. In diesem Fall höre ich sofort auf. Wie sieht's aus, John?"*

„Machen Sie ruhig weiter. Ich kann mit der Untersuchung umgehen."

Ich fuhr fort: *„Erinnerst du dich an deine Behauptung, dass die Religion mehr Kriege verursacht hat als alles andere in der Geschichte? Ich habe dazu ein paar historische Fakten. Im zwanzigsten Jahrhundert kamen mehr Menschen in Kriegen ums Leben als in allen vorangegangenen neunzehn Jahrhunderten zusammen. Rund 70 Millionen Menschen starben in den ersten beiden Weltkriegen, die beide keinen religiösen Auslöser hatten. Sie waren politisch. Die meisten Kriege, die im 20. Jahrhundert geführt wurden, waren ähnlich wie der Vietnam- und der Koreakrieg politischer Natur und hatten keinerlei religiösen Hintergrund. Die Behauptung, dass die*

Religion in der Geschichte mehr Kriege verursacht hat als alles andere, stimmt also einfach nicht. Davon abgesehen kann die Religion - d. h. das von Menschen geschaffene religiöse System - niemandem helfen. Es ist lediglich der Versuch des Menschen, sich das ewige Leben zu verdienen, indem er religiöse Taten vollbringt - fasten, beten, gen Mekka blicken, auf harten Kirchenbänken sitzen, ein gutes Leben führen, usw. Nichts von alledem wird Gott, den Richter des Universums, dazu bringen, von der ewigen Gerechtigkeit abzuweichen. Vor der Hölle kann uns nur ein barmherziger Richter retten. Verstehst du, wie sich die Situation ändert, wenn du deine eigene Schuld eingestehst?"

John ließ den Kopf hängen. *„Du bist nicht länger ein unschuldiger, sündloser Mensch, der über den allmächtigen Gott urteilt. Du bist stattdessen ein böser und zu Recht verurteilter Verbrecher, der mit erhobenem Zeigefinger auf einen moralisch perfekten Richter zeigt. Was wirst du tun? Wenn du von der Brücke springst und als Sünder stirbst, ist dein Schicksal endgültig besiegelt. ,Verdammt' bedeutet genau das. Aus der Hölle gibt es kein Entkommen.*

Vielleicht erscheint dir dein Leben jetzt hoffnungslos, aber das lässt sich ändern. Sobald du jedoch in der Hölle bist, ist es zu spät. Eine Sekunde in der Hölle wird dir klar machen, wie sehr du alles, was du auf der Erde hattest, hättest schätzen sollen.

Stell dir vor, was du früher geliebt hast und wofür du gelebt hast", appellierte ich an ihn. *„Ein kühles Getränk, das an einem heißen Tag den brennenden Durst stillt. Oder dein Lieblingsessen, wie es deine Mutter zubereitet hat, wenn du wirklich hungrig warst. Oder ein Lied, das so schöne Erinnerungen wachruft, dass du lächeln musst. In der Hölle wird es nur Durst geben, der durch keinen Tropfen gestillt werden kann, unerträgliche Schmerzen, die nicht gelindert werden, und quälende Angst, die kein Ende hat. Es ist ein Ort schrecklicher Strafe, so schrecklich, dass man es sich nicht vorstellen kann, und ich möchte auf keinen Fall, dass du dort hinkommst."*

Mein neuer Freund war sehr ruhig, und ich hoffte, dass er trotz dieser harten Worte meine aufrichtige Sorge um ihn spürte. *„Wenn diese Worte dir Angst machen, dann sei Gott dankbar, dass es so ist. Die Angst ist nicht dein Feind, John; in diesem Fall* *ist sie dein Freund. Die Angst hält deine Hand von einer Flamme fern und deine Füße vom Rand einer tausend Fuß hohen Klippe. Und wenn dein Gehirn das tut, was es tun sollte, dann sollte dich die Angst vor dem Gedanken zurückschrecken lassen, dir dein kostbares Leben zu nehmen. Es ist Gottes unglaubliches Geschenk an dich, und du hast dir nicht einmal die Mühe gemacht, ihm zu danken. Stattdessen ignorierst und verachtest du ihn. Du hast ihm sogar ins Gesicht gespuckt, indem du seinen Namen als Schimpfwort benutzt hast. Nochmal, wird das zu viel für dich?"*

„*Nein*", antwortete er finster.

„*Gerade tobt ein Kampf in deinem Denken. Wir haben einen sehr realen geistlichen Feind, der uns stehlen, töten und zerstören will. Satan, der Feind deiner Seele, will, dass du springst. Er wünscht sich nichts sehnlicher, als dass du deinen Untergang in der Hölle besiegelst. Auf wen wirst du hören? Auf den Teufel, der dich hasst, oder auf Gott, der deine Seele liebt?*" Ich hielt inne, um Johns Reaktion abzuwarten, und betete im Stillen, dass er ernsthaft über diese Dinge nachdachte.

Ich fuhr fort: *„Erinnerst du dich, wie wir über die scheinbare Untätigkeit Gottes gesprochen haben, als Jesus am Kreuz starb? Hier sind einige Informationen, die deine Sichtweise ändern werden. Jesus von Nazareth war nicht nur der Sohn Gottes. Dieser Name bedeutet eigentlich, dass er der allmächtige Gott in menschlicher Gestalt war.*

Jetzt bin ich ein bisschen nervös, weil ich diesen Ausdruck verwenden möchte, den dein Vater immer verwendet hat. Sei also geduldig mit mir.

Die Bibel sagt: „Gott erschien im Fleisch", „Im Anfang war das Wort, und das Wort war bei Gott, und das Wort war Gott … Und das Wort wurde Fleisch und nahm seine Wohnung unter uns."

Die Bibel sagt: „Gott war in Christus und versöhnte die Welt mit sich selbst". Gott schuf sich einen menschlichen Körper und füllte diesen Körper aus, wie eine Hand einen Handschuh ausfüllt. Jesus war das Ebenbild des unsichtbaren Gottes. Er wurde als Mensch geboren, lebte ein moralisch einwandfreies Leben und litt und starb am Kreuz, um die Strafe für unsere Sünden auf sich zu nehmen. Wir haben Gottes Gesetz, die Zehn Gebote, übertreten und Jesus be-

zahlte unsere Strafe. Wenn du vor Gericht stehst und schuldig gesprochen wirst und jemand bezahlt deine Strafe, kann der Richter dich gehen lassen und bleibt trotzdem gerecht. Als Jesus am Kreuz hing, rief er: ,Es ist vollbracht!' Mit anderen Worten: Die Schuld für unsere Sünde wurde bezahlt. Jetzt kann Gott uns gehen lassen; er kann unseren Fall abweisen. Er kann unser Todesurteil aufheben und uns für immer leben lassen, weil die Strafe von einem anderen bezahlt wurde."

„Warum hat Jesus dann gerufen: ,Mein Gott, mein Gott, warum hast du mich verlassen' - wie du vorhin gesagt hast?" fragte John.

„Aus Psalm 22, der viele Jahre früher geschrieben wurde, entnehmen wir, dass der heilige Gott sich von Jesus Christus abwandte, als die Sünde auf Jesus gelegt wurde. Deshalb schrie Jesus voller Schmerz auf. So groß war seine Liebe zu dir und mir. Nachdem Jesus für unsere Sünden gelitten hatte, stand er von den Toten auf und bezwang unseren größten Feind - den Tod selbst. Die Heilige Schrift sagt, dass es nicht möglich war, dass der Tod ihn festhalten konnte. Durch seine Auferstehung hat das Leben den Tod

überwunden. Jetzt können alle, die Buße tun und auf Jesus Christus als ihren Retter vertrauen, Vergebung der Sünden und ewiges Leben empfangen. Glaubst du, dass das wahr ist, was ich sage?"

Mit einem leichten Schulterzucken antwortete John ehrlich: *„Ich weiß es nicht."*

Kapitel 5
Zerstörerischer Stolz

Ich war erleichtert, dass John jetzt schon so lange mit mir redete und die „Behandlung" geduldig über sich ergehen ließ. Als die ersten Sonnenstrahlen durch die Wolken brachen, begann ich zu hoffen, dass es auch in seinem Herzen hell werden würde. Ob der sich lichtende Nebel die Behörden auf John und mich aufmerksam gemacht hatte? Ich vertraute im Stillen darauf, dass Gott auf irgendeine Weise eingreifen und dafür sorgen würde, dass wir weiterreden konnten.

„*Wie meinst du das?*", fragte ich ihn vorsichtig.

„*Naja, ... es ergibt Sinn*", sagte er zögernd und klang immer noch etwas unsicher. „*Sie haben gute Arbeit geleistet. So habe ich das noch nie gehört. Aber* ich habe noch so viele Fragen - über den Himmel, meinen Vater, die Abtreibung und viele andere Dinge."

„Versuch mal, diese Fragen für einen Moment auszublenden", sagte ich. „Sie sind zwar wichtig, aber es gibt noch etwas Wichtigeres."

„Und das wäre?", fragte John.

„Jeder von uns ist nach dem Bild Gottes geschaffen und hat ähnliche Wünsche im Leben. Wir alle wollen glücklich sein. Niemand, der bei klarem Verstand ist, möchte unglücklich sein. Wir wurden so geschaffen. Selbstmord wird erst dann eine Option, wenn die Angst vor dem Leben unseren natürlichen Lebenswillen besiegt.

„Ich möchte dich etwas fragen, John. Es ist eine persönliche Frage. Denk am besten kurz darüber nach, bevor du antwortest. Hast du Angst vor dem Sterben?"

„Da muss ich nicht lang nachdenken. Hab ich nicht, hatte ich noch nie", sagte er ohne zu zögern.

„Ich habe Ihnen ja gesagt, dass ich nicht an die Hölle glaube, was habe ich also zu befürchten? Ich habe höchstens Angst vor der Art und Weise, wie ich sterben könnte. Ich will keinen langsamen, schmerz-

haften, krebsbedingten Tod. Ich finde, die Menschen sollten das Recht haben, selbst zu entscheiden, wie und wann sie sterben wollen. Deshalb bin ich hier. Wenn ich eine bessere Art zu sterben gefunden hätte als den Sprung, hätte ich sie gewählt. Der Sprung macht mir Angst, aber der Tod selbst? Kein bisschen.", schüttelte er den Kopf. *"Ich freue mich darauf."*

"John, es gibt noch etwas, was wir alle gemeinsam haben. Die Bibel, unsere göttliche Lebensanleitung, sagt uns, dass alle Menschen ‚durch Furcht vor dem Tod während ihres ganzen Lebens in Knechtschaft gehalten wurden.‘ Sie sagt, dass jeder Mensch von der Todesangst versklavt wird. Wir leben in ständiger Furcht vor dem Tod.

Ich habe Hunderte von Menschen gefragt, ob sie Angst vor dem Sterben haben, und habe etwas Interessantes festgestellt: Menschen, die von Herzen demütig sind, geben zu, dass sie Angst vor dem Tod haben. Sie sagen, dass sie immer wieder daran denken und dass sie das bedrückt. So wie es in der Bibel steht.

Aber stolze Menschen geben ungern zu, dass sie die Angst vor dem Tod plagt", fügte ich hinzu, *"denn das lässt sie verletzlich und schwach erscheinen.*

Wenn du also behauptest, dass du keine Angst vor dem Tod hast, dann magst du mir das zwar übelnehmen, John, aber ich nehme dir das nicht ab. Ich glaube, was die Heilige Schrift über dich sagt, denn sie hat sich als wahr erwiesen.

Die Bibel ist kein gewöhnliches Buch. Sie ist eindeutig übernatürlichen Ursprungs, egal, was Skeptiker über sie sagen. Seit dem 24. April 1972 lese ich jeden Tag in der Bibel. Ich habe sie studiert und nach angeblichen Fehlern und wissenschaftlichen Ungereimtheiten gesucht. Es gibt keine. Sie existieren nur in den Köpfen derer, die die Bibel ablehnen, weil sie von der ersten bis zur letzten Seite von einem Gott spricht, der sie zur Rechenschaft ziehen wird."

Ich machte eine Pause, um ihm die Möglichkeit zu geben, zu antworten, aber er hörte weiter still zu. Ich wusste, dass ich viel redete, aber ich wollte meine persönliche Geschichte erzählen, für den Fall, dass er sich damit identifizieren konnte.

„Lass mich dir erzählen, warum ich Christ bin. Mit etwa zwanzig Jahren wurde mir meine Angst vor dem Tod bewusst. Ich hätte es damals nicht so genannt. Es war eher ein lähmendes Gefühl angesichts

der Vorstellung, dass alles, was ich liebte - meine Frau, Eltern und Familie - mir durch den Tod genommen werden würde. Eine große Schwärze, die die gesamte Menschheit zu verschlucken drohte. Niemand sprach darüber, aber jeder wusste, dass es unausweichlich war.

Es spielte keine Rolle, wie reich, einflussreich oder berühmt man war - dem Tod würde man nicht entrinnen. Und keiner von uns konnte etwas dagegen tun. All mein Glück schien so sinnlos, weil es eines Tages wie eine Seifenblase von der spitzen Nadel der Realität zerplatzt werden würde. Wenn ich von Millionen Menschen lese, die an chronischen Depressionen leiden, wundert mich das nicht, denn genauso habe ich mich gefühlt, bevor ich zu Christus kam. Es war ein Gefühl der Hilflosigkeit und Hoffnungslosigkeit, wie ein Riese im Raum, der darauf wartet, jeden zu erschlagen, und nur die Demütigen geben zu, dass er ihnen Angst einjagt. Könnte das auch bei dir der Fall sein?"

„Vielleicht", räumte John halb zustimmend ein. Dann seufzte er. *„Also gut. Ich bin nicht ehrlich. Ich habe Angst vor dem Sterben",* fügte er leise hinzu. *„Furchtbare Angst. Seit ich klein war und es mir*

dämmerte, dass ich wie meine Großeltern enden würde: tot. Ich wollte es nicht zugeben, weil es mir peinlich war. Das war dann wohl Stolz."

„Genau. Wir fürchten uns vor der Meinung anderer. Schön, dass du es zugibst. Die meisten Menschen sehen nichts Falsches an Stolz. Aber wenn Menschen Probleme in der Ehe haben, ist es oft der Stolz, der die Beziehung kaputtmacht. Anstatt sich zu entschuldigen und zu sagen: „Schatz, das war blöd von mir", reckt der Stolz sein hässliches Haupt in die Höhe und sagt: „Lieber sterbe ich, als mich zu entschuldigen." Der Stolz würde lieber eine ursprünglich gute Ehe zerstören und Kinder hinterlassen, die den Rest ihres Lebens ohne Vater oder Mutter aufwachsen müssen, als in Demut nachzugeben. Diese Art von Stolz ist Gift, denn er hält die Menschen davon ab, das ewige Leben zu finden.

Im Buch der Psalmen heißt es: „Der Gottlose wähnt in seinem Stolz: Gott fragt nicht danach!" Der Stolz sagt: ,Lieber gehe ich in die Hölle, als mich bei Gott zu entschuldigen'. Aber schon eine Sekunde an diesem schrecklichen Ort wird zeigen, dass das arrogant und unwissend war", fuhr ich fort.

„Hör mal, was Jesus über diesen Ort gesagt hat: ‚Wenn nun deine Hand oder dein Fuß dir Anstoß zur Sünde gibt, so hau sie ab und wirf sie von dir! Es ist besser für dich, verstümmelt oder lahm ins Leben einzugehen, als dass du beide Hände oder beide Füße hast und in das ewige Feuer geworfen wirst. Und wenn dein Auge dir Anstoß zur Sünde gibt, so reiß es aus und wirf es von dir! Es ist besser für dich, einäugig ins Leben einzugehen, als dass du beide Augen hast und ins Feuer der Hölle geworfen wirst.' Mit anderen Worten: So sehr du dein kostbares Auge auch schätzt, wenn es dich zur Sünde verleitet, reiß es aus. Und dann lege es nicht irgendwohin, wo du es später wieder aufheben kannst. Wirf es weg!*

Eine schreckliche Vorstellung, oder? Stell dir mal vor, wie viel dir deine Augen wert sind. Würdest du eines davon für eine Million Dollar verkaufen?"

„Auf keinen Fall", antwortete John. *„Würdest du beide für hundert Millionen verkaufen?"*

Er schüttelte den Kopf. *„Natürlich nicht. Deine Augen sind das Fenster in diese wunderschöne Welt. Wenn du deine beiden Augen verkaufen würdest, würdest du für den Rest deines Lebens im Dunkeln sitzen.*

Deine Augen sind unbezahlbar. Aber hier sagt Jesus, dass die Sünde in Gottes Augen so schwerwiegend ist, dass es besser wäre, sie herauszureißen, als dass sie dich zur Sünde verleiten. In der Tat ist die Sünde in den Augen eines heiligen Gottes so schwerwiegend, dass er das Todesurteil über alle, die gegen sein Gesetz verstoßen, ausgesprochen hat und sie zur Verdammnis an einem schrecklichen Ort namens Hölle bestimmt hat. Was dir nicht klar ist, John, ist, dass Gott nicht nur deine Lügen und dein Stehlen gesehen hat, sondern auch jedes deiner Worte und jeden Gedanken kennt. Nichts ist vor den Augen dessen verborgen, vor dem wir Rechenschaft ablegen müssen. Diese Erkenntnis ließ mich in der Nacht meiner Bekehrung erschaudern", gestand ich. *„Mir war nicht klar, dass Gott mein Gedankenleben sieht. Er sah meine sexuellen Fantasien und das, was die Bibel böse Gedanken nennt. Mit jeder Sünde, die ich beging, lud ich seinen Zorn auf mich. Ziemlich harter Tobak. Kannst du mir noch folgen, John?"*

„Ja, ich versuch's", murmelte er. *„Und ich denke nach."*

Kapitel 6
Ein düsteres Bild

Unser Gespräch nahm uns so in Beschlag, dass wir das zunehmende Verkehrsaufkommen gar nicht bemerkten. Ich konnte spüren, wie die Brücke erzitterte, als die großen Lastwagen vorbeirumpelten. Inzwischen war ich davon überzeugt, dass Gott mich an diesem Morgen auf die Brücke geführt und mir die Gelegenheit gegeben hatte, John zu erreichen.

„Die biblische Vorstellung von Gott ist furchterregend", räumte ich ein. *„Sie ist voller Zorn und Gericht. Dennoch basiert sie auf der Offenbarung Gottes über sich selbst. Wenn ich dir etwas über ihn erzählen würde, das nicht mit der Heiligen Schrift übereinstimmt, würde ich dir keinen Gefallen tun. Es würde bedeuten, dass du deine Situation vor Gott falsch einschätzt, nicht erkennst, dass du einen Er-*

6 Ein düsteres Bild

löser brauchst, und in der Hölle endest. Und wie ich schon sagte, John, möchte ich auf keinen Fall, dass das passiert. Aber es gibt noch etwas, das du über diesen heiligen und gerechten Schöpfer wissen musst. Er ist nämlich auch liebevoll, barmherzig und voller Gnade. Jesus erzählte drei Gleichnisse, um das zu veranschaulichen. Eins handelt von einem Hirten, der feststellt, dass eines seiner Schafe fehlt. Er lässt neunundneunzig Schafe zurück und macht sich auf die Suche nach dem einen, das verloren gegangen ist. Als er es findet, nimmt er es liebevoll auf seine Schultern und bringt es in Sicherheit. Es ist ein Bild für den verlorenen Sünder."

„Ja, das kommt mir bekannt vor. Ich erinnere mich, dass ich diese Geschichte damals in der Sonntagsschule gehört habe", bemerkte John.

„Vielleicht war die ganze Zeit nicht umsonst . . ."
„Freut mich, dass du dich an einiges erinnerst, was du gehört hast", bemerkte ich. „Das ist ein Grund, warum Jesus Geschichten erzählte - sie sind einprägsam. Das zweite Gleichnis, das Jesus erzählte, handelt von einer Frau, die eine Münze verliert und überall danach sucht. Als sie sie gefunden hat, freut sie sich

gemeinsam mit ihren Freunden darüber. Auch dies ist ein Bild für unseren Wert in den Augen Gottes. Wir sind verloren, aber in Gottes Augen sind wir es wert, gefunden zu werden. Er freut sich, wenn ein Sünder zur Umkehr kommt."

John nickte leise mit dem Kopf, entweder zur Bestätigung oder in Zustimmung oder beides. Aber noch etwas anderes war passiert. Er hatte sich mir zugewandt, sodass wir uns beim Sprechen ansehen konnten, und wir begannen, uns in die Augen zu sehen.

„Und schließlich endet Jesus mit dem Gleichnis vom verlorenen Sohn. Ein junger Mann hält es nicht mehr aus und will nicht länger im väterlichen Haus eingesperrt sein. Also bittet er seinen Vater um sein Erbe und macht sich in ein fremdes Land auf, fernab von den wachsamen Augen seiner Familie, um dort das Luxusleben zu genießen. Er steckt sein ganzes Geld in wilde Partys und Prostituierte. Kaum geht ihm das Geld aus, lassen ihn alle seine Freunde sitzen, und als auch noch eine Hungersnot über das Land kommt, ist die einzige Arbeit, die er finden kann, die Fütterung von Schweinen. Als er so dasitzt und im

Schweinefutter herumstochert, wird ihm etwas klar", fuhr ich fort.

„Vor lauter Hunger hätte er die schmutzigen Maiskolben am liebsten aufgehoben und gegessen. Da besinnt er sich und sagt: ,Wie viele Tagelöhner meines Vaters haben Brot im Überfluss, während ich hier vor Hunger umkomme! Ich will mich aufmachen und zu meinem Vater gehen und zu ihm sagen: Vater, ich habe gegen den Himmel und dir gegenüber gesündigt; ich bin nicht mehr wert, dein Sohn zu heißen: Mache mich zu einem deiner Tagelöhner.' Und so verlässt er den dreckigen Schweinestall und geht zu seinem Vater zurück. Sein Vater, der nach ihm Ausschau hält, sieht ihn von weitem und hat Mitleid mit ihm. Er läuft ihm entgegen, fällt ihm um den Hals und küsst ihn. Er ruft nach einem Gewand und einem Ring für ihn, und sagt voller Freude: ,Mein Sohn war tot und ist wieder lebendig geworden!' So wie der Vater nach seinem verlorenen Sohn Ausschau hält, wartet Gott darauf, dass du zu ihm zurückkehrst." John senkte den Blick und rieb sich nachdenklich das Kinn. Ich war froh, so etwas wie Zustimmung bei ihm erkennen zu können.

Du bist geliebt

„Ja, mit ewiger Liebe habe ich dich geliebt; darum
habe ich dir meine Gnade so lange treu bewahrt."

(Jeremia 31,3)

„Was ist der Mensch, dass du ihn so groß achtest
und überhaupt dein Herz auf ihn richtest?"

(Hiob 7,17)

„Gott aber, der an Barmherzigkeit reich ist,
hat um seiner großen Liebe willen, die er zu uns
hegte, auch uns, als wir tot waren durch die
Übertretungen, mit Christus lebendig gemacht -
durch Gnade seid ihr errettet worden!"

(Epheser 2,4.5)

„Denn so sehr hat Gott die Welt geliebt,
dass er seinen eingeborenen Sohn hingegeben hat,
damit alle, die an ihn glauben, nicht verloren
gehen, sondern ewiges Leben haben."

(Johannes 3,16)

„Denn ich bin dessen gewiss, dass weder Tod
noch Leben, weder Engel noch Gewalten,
weder Gegenwärtiges noch Zukünftiges noch
irgendwelche Mächte, weder Höhe noch Tiefe noch
sonst irgendetwas anderes Geschaffenes imstande
sein wird, uns von der Liebe Gottes zu scheiden,
die da ist in Christus Jesus, unserem Herrn."

(Römer 8,38.39)

„Seht, welch eine Liebe uns der Vater dadurch erwiesen hat, dass wir Kinder Gottes heißen sollen!"

(1. Johannes 3,1)

„Gott aber beweist seine Liebe zu uns dadurch,
dass Christus für uns gestorben ist,
als wir noch Sünder waren."

(Römer 5,8)

„Darin ist die Liebe Gottes an uns offenbar
geworden, dass Gott seinen eingeborenen Sohn in
die Welt gesandt hat, damit wir durch ihn leben."

(1. Johannes 4,9)

> „Dankt dem HERRN, denn er ist freundlich,
> ja, ewiglich währt seine Gnade!"
>
> **(Psalm 118,1)**

Die wichtigste Erkenntnis, die du jemals haben wirst, John, ist die, dass du dich nach schmutzigem Schweinefutter gesehnt hast. Du hast dich im Dreck der Sünde gesuhlt und jede Minute davon geliebt. Das ist das Böse in unserer Natur: Wir lieben die Finsternis und hassen das Licht.

Die Bibel sagt, dass Unrechttun wie Wassertrinken für uns ist. Und wohin hat dich deine Sünde geführt? Sie hat Beziehungen zerstört, dich von denen isoliert, die dir wichtig sind, und dir ein Gefühl der Sinnlosigkeit und Verzweiflung gegeben. Und sie hat zu Selbstmordgedanken geführt - bis zu dem Punkt, an dem du beinahe den schlimmsten Fehler begangen hättest. Die Freude, die sie versprach, wurde durch den verursachten Schmerz in den Schatten gestellt. Die Frage ist, ob du zur Besinnung kommst", flehte ich sanft.

*„Ich möchte dir etwas sehr Persönliches erzäh-
len. Bevor ich Christ wurde, lebte ich für die Lust.
Wie jeder andere junge Mann hatte ich großes Verlangen danach, Mädchen sexuell anzuschauen. Aber
in der Nacht meiner Bekehrung, als ich erkannte,
dass Jesus sagte, dass wir Ehebruch in unserem
Herzen begehen, wenn wir so etwas tun, war es, als
würde ein Pfeil meine Brust treffen. Ich wusste, dass
ich millionenfach schuldig war"*, gab ich ehrlich zu.

Ich war mir sicher, dass John sich mit dieser
Situation identifizieren konnte.

*„Ich wusste, dass ich Gott mit meinen Sünden
verärgert hatte, aber ich bereute es nicht. Ich wollte
trotzdem an ihnen festhalten. Denn was blieb mir im
Leben, wenn ich mir keine schönen Frauen ansehen
konnte? Das Wissen, dass ich gesündigt hatte, löste
in mir nur Schuldgefühle und Angst aus, aber nicht
den Wunsch, mich zu ändern.*

*Jemand hat einmal folgende Geschichte erzählt:
Einem kleinen Jungen wurde einmal von seinem Vater gesagt, dass eine bestimmte Vase unbezahlbar
sei. Das Kind durfte sie nicht anfassen oder sich der
Vitrine nähern, in der sie stand. Als der Junge einige*

Zeit später in ein Geschäft ging, sah er eine identisch
aussehende Vase, die nur fünf Dollar kostete. Von da
an zweifelte er nicht nur an der Glaubwürdigkeit sei-
nes Vaters, sondern verlor auch jede Ehrfurcht vor
der „unbezahlbaren" Vase.

Eines Tages, als sein Vater nicht zu Hause war,
beschloss der Junge, sich die Vase genauer anzuse-
hen. Er öffnete die Glastür und berührte das Fami-
lienerbstück vorsichtig. Sie war viel leichter als die
Vase im Geschäft, aber es gab keinen Zweifel - sie
waren identisch!"

Ich fuhr fort: *„Als er sich fragte, warum sein Va-*
ter ihn über ihren Wert belogen hatte, hörte er ein
Auto in die Auffahrt einfahren. Schnell wollte er die
Vase wieder zurückstellen, schlug sie aber gegen die
Glasvitrine, wo sie in tausend Stücke zerschmetterte!
Der Junge begann vor Angst zu zittern. Da erinnerte
er sich daran, dass er fünf Dollar in seinem Spar-
schwein hatte, und tröstete sich damit, dass er die
Vase leicht ersetzen konnte.

Als der Vater das Haus betrat, rief der Junge un-
bekümmert: „Papa, ich habe die Vase aus der Vitri-
ne kaputt gemacht. Aber keine Sorge, das ist nicht

6 Ein düsteres Bild

schlimm. Mit den fünf Dollar, die ich in meinem Spar-schwein habe, kann ich im Laden eine neue kaufen. Sein Vater wurde leichenblass. Er ging auf seinen Sohn zu, legte ihm die Hände auf die Schultern, sah ihm in die Augen und sagte: ‚Mein Junge, das war kein billiges Imitat. Es war eine Antiquität im Wert von fünfundzwanzigtausend Dollar!'"

John schien bei diesem Satz zusammenzuzucken. Ich fuhr mit meiner Schilderung fort: „Plötzlich wurde dem Jungen bewusst, was er getan hatte. Sein Mund wurde trocken. Tränen traten ihm in die Au-gen. Er brach schluchzend zusammen, fiel seinem Vater in die Arme und sagte: ‚Es tut mir leid … Es tut mir so leid!' Sein Vater wischte ihm die Tränen ab und sagte: ‚Mein Sohn, du wirst diese Vase niemals bezahlen können. Es wird mich alles kosten, was ich habe, aber ich werde selbst für eine neue Vase bezah-len.' Der Junge war hin- und hergerissen: Einerseits war er erschüttert, dass sein Vater so viel Geld aus-geben würde, andererseits aber auch dankbar, dass er so etwas für ihn tun würde, obwohl er absichtlich ungehorsam gewesen war. Unbeschreibliche Erleich-terung und große Dankbarkeit überkamen ihn.

Also, John, was denkst du: Woher kam der Kummer des Jungen?"

„Sie kam, als er die Tragweite seiner Tat erkannte", antwortete John.

„Sie zeigte sich in dem Preis, den der Vater zahlen musste, um die Dinge wieder in Ordnung zu bringen."

„Genau", bestätigte ich.

„Im Moment ist dir bewusst, dass du das Gesetz Gottes tausendfach gebrochen hast. Aber das kümmert dich nicht weiter, denn wie die meisten Menschen glaubst du, dass deine guten Taten überwiegen werden, wenn du Gott gegenübertrittst - du kannst die Dinge selbst in Ordnung bringen. Aber das ist ein Irrtum! Was hat es Gott gekostet, uns zu rechtfertigen - die Dinge in Ordnung zu bringen? Die Heilige Schrift sagt uns, dass wir nicht mit Silber oder Gold erlöst wurden, sondern mit dem kostbaren Blut Christi. Für unsere Vergebung musste Jesus von Nazareth unsagbar grausam leiden.

Wenn du eine Vorstellung davon bekommen willst, was unsere Erlösung gekostet hat, dann schau auf den zerschlagenen und geschundenen Körper des Sohnes Gottes, als er am Kreuz hängt, um die Stra-

fe für die Schuld der Welt auf sich zu nehmen. Sieh das Blut, das aus seinen Wunden fließt. Hör seinen Schmerzensschrei: „Mein Gott, mein Gott, warum hast Du mich verlassen?", als seine Seele als Opfer für die Sünde dargebracht wurde. Das war der Preis", sagte ich, und meine Stimme bebte.

Mich bewegt es immer wieder, wenn ich daran denke, was Christus für mich getan hat. *„Wenn ich mein Leben für dich opfern würde, wenn ich mich für dich in einen Kugelhagel stürzen würde, damit du am Leben bleibst",* fügte ich hinzu, *„sollte es dir das Herz brechen. Wie viel mehr sollte dein Herz angesichts deiner eigenen Sünden gebrochen sein, wenn du dir bewusst machst, was Jesus vor zweitausend Jahren für Sünder erlitten hat? Die Bibel sagt uns: ‚Gott aber beweist seine Liebe zu uns dadurch, dass Christus für uns gestorben ist, als wir noch Sünder waren.' Das hat er für uns getan. Es zeigt, wie viel wir Gott wert sind.*

Noch etwas anderes, John. Du willst Selbstmord begehen. Du willst das Leben auf deine Art beenden. Warum beendest du es nicht einfach auf eine andere Weise? Wenn jemand wiedergeboren wird, wird er ein völlig neuer Mensch. Die Bibel sagt, dass das Alte vergeht und alles neu wird. Wenn du also dem Ganzen ein Ende setzen willst, John, gibt es eine Variante, der dich nichts kostet, außer deinen Stolz. Anstatt dich von der Golden Gate Bridge zu stürzen und in der Hölle zu landen, wirf dich in die Arme eines treuen Schöpfers und komm in den Himmel."

Das Hupen eines vorbeifahrenden Autos ließ uns zusammenzucken und John blickte auf. Da das Wasser unter uns nun durch große Löcher im Nebel sichtbar wurde, war das definitiv sicherer als der Blick nach unten.

In diesem Moment sah ich etwas, das mich bewegte. Er kniff die Augen fest zusammen und zog die Stirn in Falten. Mit zusammengepressten Lippen stieß er einen langen Seufzer aus. Wahrscheinlich eher unbewusst, aber er verriet seine aufgewühlten Gefühle. Es war, als zitterte er innerlich. Es schien, als würde er anfangen zu glauben, was man ihm sagte, und die Auswirkungen waren atemberaubend.

„Was willst du - ewig Schmerz und Leid?", fuhr ich fort. *„Wenn du dich von der Brücke stürzt, wirst*

du alles verlieren, auch jede Freude. Wenn du dich in die Arme des allmächtigen Gottes wirfst, behältst du dein kostbares Leben, auch wenn du es im Moment nicht zu schätzen weißt. Wenn du heute zu Christus kommst, wirst du mit Schrecken an diesen Moment zurückdenken und dass du vielleicht die Hölle dem Himmel vorgezogen hättest."

John lehnte sich zurück und schloss die Augen, während er zuhörte und sein Widerstand schien sich zu legen. Diesmal gab es keine gerunzelte Stirn oder zusammengepresste Lippen. Es tat sich etwas.

„Keiner von uns verdient das Geschenk des ewigen Lebens, aber in den Augen Gottes sind wir das Leben seines Sohnes wert", betonte ich.

„Wie wirst du darauf reagieren? Dem Stolz das Feld überlassen und springen? Oder dich demütig bei Gott für deine Rebellion gegen ihn entschuldigen, nachdem er dir so gnädig das Leben geschenkt hat? John, denk nur an das Leben. Vergiss für einen Moment die schlechten Dinge und denke an das Gute... an alles, was Gott dir gegeben hat. Du hast Augen. Du kannst Farben sehen – den blauen Himmel und einen herrlichen Sonnenaufgang. Du kannst den Gesang

der Vögel und den Klang der Musik hören. Denk an das Essen, das du genießen kannst. Denk an die Liebe und das Lachen.

Ich will damit nicht sagen, dass du deinen Schmerz einfach ignorieren und positiv sein sollst. Ich will damit sagen, dass das Leben ein unglaubliches Geschenk Gottes an dich ist. Man sollte nicht leichtfertig damit umgehen, sondern es mit Ehrfurcht betrachten. Lass den Schweinestall hinter dir und laufe deinem Schöpfer entgegen. Er wird dir auf halbem Weg entgegenkommen. Er wird sich über dich erbarmen und dich als seinen Sohn annehmen."

Kapitel 7
Keine Ausreden mehr

Inzwischen war ich mir sicher, dass Gott eingegriffen hatte. Als ich über meine Schulter blickte, sah ich, wie die Autofahrer im Vorbeifahren in unsere Richtung schauten. Höchste Zeit, dass wir von dieser Brücke herunterkamen, außerdem wollte ich meinem Freund noch eine Sache erzählen. Das Foto vom Sonnenaufgang war vergessen; es gab etwas viel Wichtigeres.

„John, es gibt noch etwas, das ich dir mit auf den Weg geben möchte. Darf ich?"

„Sicher", antwortete er und klang plötzlich ein wenig besorgt. *„Sie werden doch nicht etwa gehen, oder? Ich fange an zu ..."*

„Natürlich nicht! Ich will dir nur eine wahre Geschichte aus einem kleinen italienischen Dorf

erzählen, das in einem tiefen Tal liegt, umgeben von schneebedeckten Bergen. Das Dorf, Viganella, ist drei frostige Monate im Jahr vor der Sonne verborgen, und diese drei sonnenlosen Monate sind nicht nur kalt, sondern auch trübe und deprimierend. Doch die Bewohner des Ortes hatten eine gute Idee", erklärte ich.

„Sie installierten einen riesigen Spiegel am Berghang, der das warme Sonnenlicht direkt in das Zentrum des dunklen Städtchens reflektierte.

John, ich weiß, dass dein Alltag im Moment dunkel, trübe und deprimierend erscheint. Das Leben ist voller Schmerz, Leid und Tod. Aber die Bibel sagt, dass denen, die im Schatten des Todes sitzen, ein Licht aufgeht. Der Himmel hat sein herrliches Licht in der Person von Jesus Christus auf die Erde herabscheinen lassen, der gesagt hat: „Ich bin das Licht der Welt." Selbst inmitten der Finsternis dieser Welt hat Gott uns Licht gegeben - das herrliche Licht des Evangeliums. Diejenigen, die sich Gott nahen, dürfen sich in der Wärme seiner Liebe sonnen. Wenn du dich von deinen Sünden abwendest und auf Christus vertraust, verspricht Jesus, dass du nie wieder in der Dunkelheit leben wirst. Ergibt das Sinn?"

John schwieg einige Augenblicke, dann fragte er: *„Wissen Sie was?"*

„Was?"

„Alles fängt an, Sinn zu machen", sagte er langsam. *„Ich meine nicht die Sache mit meinem Vater und die anderen Dinge, die mir so wichtig erschienen. Ich meine, dass alles Sinn macht, was Sie über Gott, meine Sünde und das, was Jesus am Kreuz getan hat, gesagt haben. Es gibt keine Entschuldigung für die Dinge, die ich getan habe. Es widert mich an, was aus mir geworden ist. Ich habe sogar den allmächtigen Gott angeklagt! Zum ersten Mal in meinem Leben verstehe ich, was am Kreuz geschehen ist. Dort wurde für meine Schuld bezahlt! Könnten Sie für mich beten? Jetzt?"*, bat John.

„Ich würde gerne beten, aber ich kann nicht. Ich kann Gott nicht gegenübertreten. Ich hatte noch nie in meinem Leben ein so überwältigendes Verlangen, mich umzubringen, wie in diesem Augenblick. Mr. Spock ruft in meinem Kopf, dass ich springen soll - ernsthaft! Bitte beten Sie!", rief er mit zitternder Stimme.

Ich senkte den Kopf und betete inständig: *„Vater, in Jesu Namen stelle ich mich gegen jedes Werk* *der Finsternis. Ich breche jede Gewalt und jede Macht in Johns Leben, durch den Glauben an den Namen Jesu. Bitte hilf ihm. Ich bete, dass in diesem Augenblick Licht seine Seele durchflutet und dass er durch Deine Barmherzigkeit und Deine wunderbare Gnade vom Tod zum Leben übergeht. In Jesu Namen bete ich. Amen."*

„Lieber Gott, ich ... ich habe mein eigenes Kind umgebracht", begann John zu beten und klang jetzt viel ruhiger.

Mit einer erfrischenden Ehrlichkeit öffnete er seinem Schöpfer sein Herz. *„Ich habe meinen Vater gehasst. Ich habe andere Menschen für meine egoistischen Ziele benutzt. Ich habe pausenlos gelogen und gestohlen und war von sexuellen Fantasien erfüllt. Hilf mir, aus diesem Schweinestall herauszukommen. Du hast mir das Leben geschenkt, doch ich habe Deinen Namen als Schimpfwort gebraucht. Ich habe gegen Dich gesündigt. Bitte vergib mir. Ich danke Dir für das, was Du am Kreuz getan hast. Ich vertraue Jesus Christus als meinem Erlöser. Von diesem Tag an werde ich für ihn leben. Ich bete in seinem Namen. Amen."*

Seine Augen, die kurz zuvor noch vor Angst blitzten, waren nun ruhig und entschlossen. „*Würden Sie so freundlich sein und mir die Hand geben und aufhelfen? Ich möchte weg hier. Ich habe noch etwas zu erledigen ...*"

Kapitel 8
In letzter Minute

Als ich am nächsten Tag in meinem Lieblings-
restaurant am Tresen wartete, war ich überglück-
lich, ein vertrautes Gesicht auf mich zukommen zu
sehen.

„John, ich bin so froh, dass du kommen konntest",
sagte ich lächelnd, als ich ihn umarmte.

*„Wie gestern schon erwähnt, habe ich noch ein
paar wichtige Dinge mit dir zu besprechen."*

Unter anderem wollte ich mich vergewissern,
dass es ihm gut ging, doch das war nicht zu über-
sehen. Zum ersten Mal sah ich ein Lächeln auf seinem Gesicht. Seine strahlenden Augen waren voller
Leben.

*„Diese Einladung konnte ich nicht ausschlagen.
Ich liebe Burger. Gestern war ich noch verzweifelt
und wollte mich umbringen, und heute bin ich ein*

*Christ, der mit einem Burger verwöhnt wird. Inner-
halb von vierundzwanzig Stunden von der Hölle in
den Himmel gekommen."*

Er hielt inne, um über die doppelte Bedeutung
dieses Gedankens nachzudenken, und fügte hinzu:
*"Im wahrsten Sinne des Wortes. Ich kann das noch
gar nicht glauben. Was Sie mir erzählt haben, war
die Wahrheit, und ich bin schon gespannt, mehr zu
erfahren."*

*"Magst du Zwiebeln? Es ist so viel los, dass ich
schon mal bestellt habe, kurz bevor du gekommen bist."*

"Ja, danke", sagte John.

*"Wissen Sie, was ich gestern gemacht habe? Ich
bin nach Hause gefahren ... zu meiner Mutter! Ich rief
sie vorher an, und als ich ihr erzählte, was passiert
war, dass ich Christ geworden bin, brach sie in Tränen aus. Also, eigentlich wir beide. Ich sagte ihr, dass
es mir sehr leid tut, dass ich ihr so viel Kummer bereitet habe. Als ich vor ihrer Wohnung aus dem Bus
stieg, stand sie am Tor und hielt nach mir Ausschau.
Als sie mich sah, rannte sie auf mich zu und umarmte
mich. Es war wie in der Geschichte vom verlorenen
Sohn. Unglaublich!"*

Während John sprach, konnte ich nicht aufhören zu strahlen. Er kam zwischen den Sätzen kaum zum Luftholen.

„Warte kurz", sagte ich. *„Hier ist dein Essen. Lass uns aus dem Lärm raus und draußen essen. Unter einem Baum habe ich einen freien Tisch gesichtet."*

Er lächelte, nahm das Essen und redete mit ungebrochener Begeisterung weiter.

„Sie werden es nicht glauben. Nach dem Abendessen habe ich meine alte Bibel herausgekramt und darin gelesen. Die Bibel!" John grinste breit, als er innehielt, und schüttelte dann den Kopf, als könne er es selbst nicht glauben.

„Ich habe stundenlang darin gelesen und letzte Nacht kaum ein Auge zugetan! Ich habe Psalm 139 gelesen, und es war so unglaublich, dass ich ihn immer und immer wieder lesen musste - also, natürlich nicht nur diesen Psalm", lachte John und fuhr dann fort. *„Da steht, dass Gott mich kennt. Von meiner Geburt an. Nie habe ich auch nur ein Wort gesprochen, ohne dass er es gewusst hätte. Er hat mich im Mutterleib erschaffen, heißt es da. Und wissen Sie was? Die Tatsache, dass Gott mich sieht, beunruhigt mich*

nicht mehr. Ich fühle mich nicht schuldig. Zu wissen, dass er mich sieht, fühlt sich gut an, weil ich weiß, dass ich nicht allein bin. Rede ich zu viel?"

„Ganz und gar nicht!" Ich lachte.

„Es könnte kaum schöner sein! Aber einmal musst du noch kurz Pause machen. Lass uns Gott für das Essen danken."

John setzte sich, und ohne ein Wort zu sagen, faltete er seine Hände und legte erneut die Stirn in Falten. Ich wollte gerade den Mund öffnen, als er mir zuvorkam: *„Lieber Gott, wir sind so dankbar für diesen Tag, für den Sonnenaufgang, für meine Mutter und dafür, dass du mich vor einem so schrecklichen Tod bewahrt hast."* Seine Stimme brach leicht. *„Und danke für meinen neuen Freund, für den Gesang der Vögel, für die Musik und die Farben. Für Jesus und das Kreuz ... Ach, und für dieses Essen. Amen."*

„Amen."

Der Geruch der Pommes frites war auf einmal unwiderstehlich. Ich ließ mir eine auf der Zunge zergehen. John ließ nichts anbrennen. Er fuhr fort: *„Als Kind hatte ich in der Kirche ein paar Mal einige Stellen in der Bibel gelesen, aber gestern Abend schien* *es ein anderes Buch zu sein. Ich konnte sie nicht aus der Hand legen. Ich fühlte mich wie ein Kind in einem Süßwarenladen."*

„Weil du anders bist. Gott hat dir ein neues Herz gegeben und seinen Geist in dich hineingelegt. Du wirst feststellen, dass du jetzt andere Wünsche hast. In der Bibel heißt es, dass du wiedergeboren wurdest und jetzt eine neue Schöpfung in Christus bist", sagte ich.

„Anders kann ich es mir auch nicht erklären. Ganz neu. Es ist, als ob sich mir eine völlig neue Welt eröffnet hat. Ich kann nicht aufhören, an Jesus zu denken und daran, was er am Kreuz für mich getan hat. Und wissen Sie was? Ich habe „Gott sei Dank" gesagt und es wirklich so gemeint. Sie wissen schon, nicht aus Spott."

Ich lächelte wieder. *„Das ist wunderbar."*

„Ich habe so viele Fragen. Aber ich habe auch Angst."

„Wovor?"

„Ich habe Angst, dass ich das, was ich gefunden habe, verlieren könnte. Es klingt vielleicht etwas seltsam, aber ich kann dieses Glücksgefühl nicht beschreiben. Und ich habe einen Frieden, den ich nie zuvor hatte."

„Du brauchst dir keine Sorgen machen," versicherte ich ihm. „Du hast die Zusage Gottes, dass er dich nie verlassen wird. Niemals. Nicht einmal der Tod kann dich von ihm trennen."

„Wow, wirklich? Das ist ja unglaublich." John stieß einen Seufzer der Erleichterung aus.

„Okay, die erste große Frage, über die ich nachgedacht habe: Was soll ich tun, wenn ich depressiv werde? Wenn Mr. Spock wieder damit anfängt mir zu sagen, ich solle einen Schlussstrich ziehen? Wie gehe ich mit Selbstmordgedanken um?"

„Nun, lass uns zuerst den Selbstmordaspekt betrachten. Kennst du die Geschichte des philippischen Kerkermeisters?" fragte ich.

„Ich habe gehört, dass es dort harte Gefängnisstrafen für Drogenabhängige gibt. Einer meiner früheren Freunde hat zwei Jahre für weniger als 15g Gras bekommen."

„Nein. Philippi, nicht die Philippinen. Es gibt in der Bibel eine Geschichte über einen Gefängniswärter, der Selbstmord begehen wollte, weil er dachte, er hätte seinen Job vermasselt."

„Ernsthaft? Nur weil er es vermasselt hat?"

„Ja. Sein Arbeitgeber hatte eine Regel, die besagte, dass man, wenn man es vermasselte, getötet wurde. Und er dachte, er hätte es vermasselt." John machte große Augen. *„Okay. Ich hab angebissen. Erzählen Sie mir mehr."*

„Die Geschichte steht in der Apostelgeschichte. Zwei Christen wurden verprügelt und dann ins Gefängnis geworfen, weil sie die Einwohner der Stadt verärgert hatten."

„Wie das denn?"

„Sie trieben einem Mädchen einen Dämon aus. Sie war ihnen eine ganze Weile gefolgt und hatte irgendetwas gerufen, bis einer der Christen, ein Mann namens Paulus, die Geduld verlor und den Dämon austrieb."

„Glauben Sie wirklich an so etwas? Ein echter Dämon?" Die junge Frau, die hinter John saß, schnappte die Worte auf. Sie trug satanische Tattoos und hatte Ringe in der Nase und der Unterlippe. Sie drehte sich in unsere Richtung und warf erst John und dann mir einen seltsamen Blick zu. Ich brachte ein höfliches Lächeln zustande und beantwortete seine Frage. Ich merkte, dass sie versuchte, meine Antwort über den Lärm auf der Terrasse hinweg zu hören.

„*Natürlich. Die Bibel hat eine Menge zu diesem Thema zu sagen. Jedenfalls wurden Paulus und sein Freund geschlagen und in den Stock gelegt. Sie saßen in einem kalten, dunklen Kerker und ihre Wunden bluteten. Und weißt du, was sie taten? Sie sangen ein Loblied für Gott.*"

John war wirklich verblüfft. „*Das ist ja merkwürdig. Wie kommt man auf so etwas?*"

„*Selbst in dieser hoffnungslosen und deprimierenden Situation haben sie auf Gott vertraut. Was auch immer einem Christen widerfährt, wird von Gott gelenkt. Es mag nicht sein vollkommener Wille sein, aber er lässt es zu, weil er es zum Wohl der Gläubigen wenden kann. Ketchup?*"

„*Ja, danke.*" Ich war sprachlos, als er alle drei verbliebenen Papierschälchen mit Ketchup nahm und nicht mehr als eine Handvoll Pommes frites damit übergoss und in einem Meer aus roter Soße verschwinden ließ.

Er fuhr fort: „*Aber wie um alles in der Welt könnte es für sie von Nutzen sein, verprügelt zu werden und blutig und unter Schmerzen in einem kalten Kerker zu sitzen? Das kann ich mir nicht vorstellen.*"

Ich lächelte und sagte: „*Möchtest du hören, wie die Geschichte weitergeht?*"

„*Natürlich.*"

„*Sie sitzen also im Kerker und singen Lieder. Ich les' es dir vor. Moment, ich habe eine Bibel auf meinem Smartphone.*"

Während ich nach meinem Telefon griff, leckte John sich die Ketchupreste vom Daumen. „*Wo wir schon bei komischen Dingen sind. Weißt du, was ich gerne mache? Ich brate ein Ei und lege es zwischen die Patties. Ein Australier hat mir mal so einen Burger gemacht. Jetzt mache ich das immer*", kommentierte er, während er in seinen Burger biss.

„*Hört sich gut an ... ah, hier ist es. Apostelgeschichte 16,25. Pass auf, du nimmst mein Handy und liest es laut vor. Ich werde mich jetzt mal meinem Burger widmen.*"

„*Geht klar. Vers 25?*"

„*Ja. Bis Vers 31.*"

John begann laut vorzulesen: „*Um Mitternacht aber beteten Paulus und Silas und lobten Gott mit Gesang; und die übrigen Gefangenen aber hörten ihnen zu. Da entstand plötzlich ein großes Erdbeben, so dass die Grundmauern des Gefängnisses erbebten; sofort öffneten sich alle Türen, und allen fielen die Fesseln von selbst ab.*

Als nun der Gefängnisaufseher aus dem Schlaf erwachte und die Türen des Gefängnisses offen stehen sah, zog er sein Schwert und wollte sich das Leben nehmen; denn er dachte, die Gefangenen seien entflohen."

Das ist also der Mann, der Selbstmord begehen wollte. Warum wollte er das tun?"

„Er war ein römischer Gefängniswärter", erklärte ich zwischen zwei Bissen. *„Nach römischem Recht wurde ein Wärter, der seine Gefangenen verlor, wegen Vernachlässigung seiner Verantwortung zum Tod verurteilt. Oder schlimmer noch, er erlitt die Strafe, die für seine Gefangenen vorgesehen war. Das war ein wirksames Mittel, um sicherzustellen, dass man bei der Bewachung der Gefangenen gewissenhaft vorging. Wenn sie nicht mehr da wären, würde er bei Sonnenaufgang einen grausamen Tod erleiden, als abschreckendes Beispiel für andere Kerkermeister, die*

vielleicht mit dem Gedanken spielten, verurteilte Gefangene freizulassen. Also beschloss er, den Prozess zu beschleunigen."

„Das macht Sinn." John nickte, dann setzte er seine Lektüre fort: *„Paulus jedoch rief mit lauter Stimme: „Tu dir kein Leid an, denn wir sind alle hier!" Da forderte jener ein Licht, stürzte in die Zelle hinein und warf sich zitternd vor Paulus und Silas nieder; dann führte er sie heraus und fragte sie: „Ihr Herren, was muss ich tun, um gerettet zu werden?" Sie antworteten: „Glaube an den Herrn Jesus, so wirst du gerettet werden, du und dein Haus."*

Es gibt Hoffnung

„Denn ich weiß wohl,
was für Gedanken ich gegen euch hege –
so lautet der Ausspruch des Herrn –,
nämlich Gedanken des Heils und nicht des Leides,
um euch eine Zukunft
und Hoffnung zu gewähren."

(Jeremia 29,11)

„Was betrübst du dich, meine Seele,

und bist so ruhelos in mir?

Harre auf Gott!

Denn ich werde ihm noch danken, ihm,

meines Angesichts Hilfe und meinem Gott."

(Psalm 42,6)

„... wir, die wir unsere Zuflucht dazu genommen

haben, die uns eröffnete Hoffnung zu ergreifen.

In dieser besitzen wir ja gleichsam einen sicheren

und festen Anker für unsere Seele ..."

(Hebräer 6,18.19)

„Lasst uns am Bekenntnis der Hoffnung

unbeweglich festhalten; denn treu ist der,

welcher die Verheißung gegeben hat.."

(Hebräer 10,23)

„Der Gott der Hoffnung aber erfülle euch mit aller

Freude und mit Frieden im Glauben,

damit ihr immer reicher an Hoffnung werdet

durch die Kraft des Heiligen Geistes!"

(Römer 15,13)

„Dies will ich mir zu Herzen nehmen, darum will
ich Hoffnung fassen: Die Gnadenerweisungen des
HERRN sind es, dass wir nicht aufgerieben sind,
denn sein Erbarmen ist noch nicht zu Ende;
alle Morgen sind sie neu, groß ist deine Treue.
Der HERR ist mein Teil!, bekennt meine Seele;
darum will ich auf ihn hoffen.“

(Klagelieder 3,21-24)

„Seid stark, und euer Herz sei unverzagt,
ihr alle, die ihr auf den Herrn harrt!“

(Psalm 31,24)

„...die Hoffnung aber lässt nicht zuschanden
werden, weil die Liebe Gottes in unsere Herzen
ausgegossen ist durch den Heiligen Geist,
der uns gegeben worden ist.“

(Römer 5,5)

„Unterstütze mich nach deiner Verheißung,
dass ich lebe, und lass mich nicht
beschämt werden in meiner Hoffnung!“

(Psalm 119,116)

„Als der philippische Kerkermeister sich umbringen wollte, hinderte Paulus ihn daran. Er rief: ‚Tu dir nichts an, wir sind alle hier!'"

„So ähnlich, wie du es bei mir gemacht hast", warf John ein.

„Genau. Die Frage ist jetzt: Warum hat Paulus eingegriffen? Er hätte genauso gut den Mund halten und den Kerkermeister sich umbringen lassen können. Die Türen waren offen und es wäre ein Hindernis weniger auf dem Weg nach draußen gewesen. Aber Selbstmord ist nie eine gute Entscheidung, sondern sehr verhängnisvoll. Dieser Mensch ist nach dem Bild Gottes geschaffen, und Paulus konnte nicht zulassen, dass er sich das Leben nimmt."

„Was heißt das eigentlich?", fragte John, während er einen Bissen nahm.

„Was meinst du?" Da er den Mund voll hatte, antwortete John mit einem undeutlichen: *„Nach dem Bilde Gottes geschaffen."* Nachdem er heruntergeschluckt hatte, fügte er hinzu: *„Das hast du gestern auch schon gesagt."*

„Es bedeutet, dass Gott uns nach seinem Ebenbild geschaffen hat, mit einigen seiner Eigenschaften. Wir

sind uns unserer Existenz bewusst. Bewusstsein. Wir können Musik und Schönheit, Liebe und Lachen genießen. Wir haben einen Sinn für Moral und damit ein instinktives Empfinden für Gerechtigkeit. Tiere setzen keine Justiz ein und verurteilen andere Tiere, die gegen ein von ihnen aufgestelltes Gesetz verstoßen. Aber Menschen tun das. Das ist einmalig in der Schöpfung."

„Wow - mein neues Lieblingswort - ich habe noch nie über den Unterschied nachgedacht. Ich habe immer gelernt, dass wir alle Tiere sind. Der ganze Evolutionskram halt."

„Wenn du weiterliest, siehst du, dass der Kerkermeister und seine ganze Familie zu Christus kamen und er schließlich die Wunden von Paulus und Silas versorgte. Dann ließen die Römer sie gehen!"

„Es hat sich also zu ihren Gunsten ausgewirkt. Erstaunlich."

„Ja. Und das ist der Grund, warum niemand auch nur daran denken sollte, Selbstmord zu begehen."

Eine Pommes, die auf dem Weg in Johns Mund war, blieb in der Luft stehen und er fragte verwundert: *„Wie meinen Sie das?"* Dann fand sie ihr Ziel.

„Vergiss nicht, wie die Sache ausgeht. Der Kerkermeister dachte, ihm blieb nichts übrig als sich umzubringen. Die Türen standen offen, also nahm er natürlich an, dass die Gefangenen über alle Berge waren. Es war aus. Er würde seine geliebte Familie nie wieder sehen und zum Tod verurteilt werden. Es war eine ausweglose Situation, also konnte er es genauso gut selbst tun und hinter sich bringen. Aber er irrte sich - er war nicht allein. Die Gefangenen waren immer noch da! Wenn Gott seine Hand im Spiel hat, ist eine scheinbar hoffnungslose, deprimierende und unmögliche Situation gar nicht so aussichtslos. Denn bei Gott ist nichts unmöglich."

Ich lächelte, als ich an Johns Kommentar dachte, als wir uns zum ersten Mal begegneten: dass es „eine unmögliche Aufgabe" sei, ihn davon zu überzeugen, dass das Leben lebenswert sei. Bei Gott ist wahrlich nichts unmöglich.

„Egal wie ausweglos meine Situation scheint, Gott kann also das Unmögliche tun", fasste John zusammen.

„Wenn ich mich also umbringe, halte ich ihn davon ab, mir zu helfen. Ich verhindere die Lösung."

„Ganz genau. Gut erkannt. Kennst du die Geschichte von Mose am Roten Meer?"

„Sie meinen die Sache mit den Tieren und der Arche?" John beschäftigte sich weiterhin mit seinem Burger und den Pommes, während ich sprach.

„Nein, das war Noah." Ich konnte mir ein Grinsen nicht verkneifen, weil es sich um eine häufige Verwechslung handelte.

„Mose führte das Volk Israel durch die Wüste. Ihnen saß ein wütender Feind im Nacken - die ägyptische Armee. Zwischen einem Gebirge und dem Rande des Meeres saßen sie in der Klemme. Doch anstatt über Selbstmord nachzudenken, um aus dieser unmöglichen Situation herauszukommen, forderte Mose das Volk auf: „Steht still und seht die Rettung Gottes". Rettung bedeutet einfach Befreiung. Mit anderen Worten: Obwohl die Situation unmöglich schien, vertraute er auf Gottes Hilfe. Und Gott tat ein Wunder, indem er das Meer teilte und einen Ausweg schuf. Ähnlich erging es einem Mann namens Joseph, der zu Unrecht wegen versuchter Vergewaltigung im Gefängnis saß. Anstatt sich umzubringen, setzte er sein Vertrauen auf Gott. Und wurde befreit. Daniel

wurde in eine Höhle mit hungrigen Löwen geworfen, nur weil er zu Gott gebetet hatte, und blieb die ganze Nacht dort. Er vertraute Gott und wurde aus ihren Mäulern befreit", schloss ich, während ich hungrig ein paar Pommes verschlang.

„Okay. Das ist also die Antwort auf meine Frage nach den Selbstmordgedanken", fasste John zusammen. *„Wenn sie wiederkommen, schaue ich zu Gott und vertraue ihm."*

„Ja, das ist das erste Prinzip des Christenlebens. Es ist sehr wichtig", betonte ich.

„Was auch immer geschieht, zeige, dass du daran glaubst, dass er die Dinge zu deinem Besten lenken wird, indem du Gott Lieder singst, auch wenn du Schmerzen hast und keinen Ausweg siehst. Vielleicht tut Gott ja ein Wunder. Du wirst nie wissen, was geschehen kann, solange du ihm nicht vollkommen vertraust. Wenn du ihn lobst, egal, wie schlimm die Lage auch sein mag, zeigst du damit dein Vertrauen. Selbstmord sollte daher nie eine Option sein. Denk nur an die wunderbare Verheißung aus Römer 8,28 und präge sie dir ein, damit du sie nie vergisst: „Wir wissen aber, dass denen, die Gott lieben, alle Dinge zum

Guten mitwirken, nämlich denen, welche nach seinem Vorsatz berufen sind." Hast du das verstanden?"

„Ja, verstanden. *Alle Dinge*", wiederholte John. Als keine Pommes mehr da waren, steckte er sich den letzten Bissen des Burgers in den Mund und zerknüllte das Papier.

„War das lecker! Wissen Sie, was ich mag? Den Salzgeschmack, der sich im Mund entfaltet, wenn die erste heiße Pommes die Zunge berührt. Yummy."

Er schüttelte verwundert den Kopf und fügte hinzu: *„Komisch."*

„Was?"

„Früher habe ich nie so gedacht. Ganz im Ernst! Pommes waren einfach nur Pommes. Man steckt sie in den Mund, kaut und schluckt sie runter.

Du kannst Gott vertrauen

„Doch ich vertraue auf den Herrn.

Ich will jubeln und fröhlich sein

wegen deiner Gnade,

dass du mein Elend angesehen hast,

auf die Nöte meiner Seele geachtet hast."

(Psalm 31,7.8)

„Zu dir, o HERR, erhebe ich meine Seele,

mein Gott, auf dich vertraue ich."

(Psalm 25,1)

„Vertraue auf den Herrn mit ganzem Herzen und

verlass dich nicht auf deinen Verstand;

denke an ihn auf allen deinen Wegen,

so wird er dir die Pfade ebnen."

(Sprüche 3,5.6)

„Der in tiefster Finsternis wandelt und dem kein

Licht glänzt, setze sein Vertrauen auf den Namen

des Herrn und stütze sich auf seinen Gott!"

(Jesaja 50,10)

„Ein festes Herz segnest du mit Heil, mit Heil,
weil es voll Vertrauen auf dich ist."

(Jesaja 26,3)

„Gesegnet aber ist der Mann,
der sich auf den Herrn verlässt
und dessen Zuversicht der Herr ist!"

(Jeremia 17,7)

„Der Herr ist meine Stärke und mein Schild;
auf ihn hat mein Herz vertraut,
da ist mir Hilfe geworden."

(Psalm 28,7)

„...der spricht zum Herrn:
Meine Zuflucht und meine Burg,
mein Gott, auf den ich vertraue!'"

(Psalm 91,2)

„Auf Gott vertraue ich, fürchte mich nicht:
Was können Menschen mir antun?"

(Psalm 56,12)

„In Zeiten, da mir angst ist,

vertraue ich auf dich!"

(Psalm 56,4)

„Behüte meine Seele und rette mich,

lass mich nicht zuschanden werden,

ich vertraue auf dich!"

(Psalm 25,20)

Jetzt habe ich eine ganz neue Wertschätzung für alles. Haben Sie den Sonnenaufgang heute gesehen? Unglaublich."

„Ja, das war er wirklich", stimmte ich zu.

„Zurück zu Römer 8,28: Es bedeutet nicht nur, dass Gott dir Licht am Ende des Tunnels geben wird. Die Verheißung ist, dass er die Situation zu deinem Besten lenken wird. Er wird dein Problem zu deinem Nutzen wenden. Das kann sich in diesem Leben zeigen, oder erst in der Ewigkeit. Im Hebräerbrief, vor allem in Kapitel 11, werden die sogenannten Glaubenshelden aufgezählt; Männer und Frauen, die sich in aus-

sichtslosen Situationen befanden und dennoch darauf vertrauten, dass Gott die Dinge zum Guten wenden würde. Dieses Kapitel solltest du unbedingt lesen."

„Okay, mach ich."

Kapitel 9
Ein Schlag ins Gesicht

„Meine Herren, alles in Ordnung mit dem Essen?" Der weiß gekleidete Kellner mit leuchtend roter Schürze und weißem Hut war ein großer, schlaksiger junger Mann.

Ich warf einen Blick auf sein Namensschild und antwortete: *„Es ist ausgezeichnet. Danke, Matthias"*, während ich ihm eine Karte reichte. *„Hast du schon so eine Karte bekommen? Darauf sind sechs kostenlose Filme. Sie sind preisgekrönt und wurden von Millionen gesehen. Die Website steht auf der Rückseite der Karte: FullyFreeFilms.com."*

Matthias grinste breit und drehte die Karte um. *„Für mich? Na so was! Vielen Dank, Sir."*

Als Matthias wegging, nahm John eine der Karten von dem kleinen Stapel, der auf dem Tisch lag. *„Was ist denn das?"*

„*Das sind christliche Filme*", sagte ich und fügte hinzu, dass die Leute sich freuen, wenn sie eine Karte für sechs kostenlose Filme bekommen.

„*Kann ich eine haben? Oder gleich ein paar? Ich geb' sie an Freunde weiter ... falls sie wieder mit mir sprechen.*"

„*Klar. Weißt du noch, dass du gefragt hattest, was man tun kann, wenn man depressiv wird?*"

„*Ja. Lassen Sie hören*", sagte John. Ich aß meinen Hamburger auf, verschlang die letzte leckere Pommes und überlegte, ob ich mir die Finger ablecken sollte. Dann stürzte ich mich auf das nächste Thema unseres Gesprächs.

„*Die Bibel hat auch dazu etwas zu sagen. Manche Prediger versprechen fälschlicherweise ein Bett aus Rosen, während das christliche Leben manchmal ein ganzer Haufen von Dornen sein kann. Schmerzhafte Dornen. Wusstest du, dass eine ganze Reihe biblischer Figuren mit Depressionen kämpften? Zum Beispiel Jona.*"

„*Wollen Sie damit sagen, dass Jona sich mies gefühlt hat?*"

„*Sehr witzig*", lachte ich.

„Ist das denn wirklich passiert?"

„Was soll wirklich passiert sein?"

„Ist Jona wirklich von einem Wal verschluckt worden?", fragte John.

„Oder ist das eine Art biblische Lektion darüber, dass die Umstände des Lebens erdrückend sein können?"

„Also, in der Bibel steht, dass ein riesiger Fisch Jona verschluckt hat. Weißt du, wie ich mit solchen seltsamen Bibelgeschichten umgehe?", fragte ich.

„Ich rufe mir in Erinnerung, dass die Heilige Schrift sagt, dass Gott törichte Dinge erwählt hat, um die Weisen zu verwirren, und dies ist sicherlich eine töricht klingende Geschichte. Es ist demütigend, sie zu glauben. Ein Stein des Anstoßes für stolze Menschen. Aber da Jesus gesagt hat, dass es wirklich passiert ist, zweifle ich nicht eine Sekunde daran. Ich bin überzeugt, dass Gott allmächtig ist. Er ist nicht an die Naturgesetze gebunden - das bedeutet „übernatürlich". Jedenfalls gebrauchte Gott Jona als Propheten, um das Volk von Ninive vor dem Gericht zu retten, und das veranlasste Jona zu einem ordentlichen Wutanfall. Mit dem Schmollen kam die De-

pression - so stark, dass er sich hinsetzte und sterben wollte. Richtig kindisch."

John warf ein: „*Wollen Sie damit sagen, dass das bei allen Depressionen der Fall ist? Dass die Leute einfach erwachsen werden und sich dem Leben stellen sollten?*"

„*Ganz bestimmt nicht. Aber in diesem Fall war es so*", erklärte ich, während ich einen kleinen Schluck trank.

„*Jona ärgerte sich darüber, dass Gott die Stadt nicht richtete, sondern ihr Barmherzigkeit erwies. Wenn Jona ein liebevolles Herz gehabt hätte, hätte er sich gefreut. Stattdessen machte ihn seine oberflächliche Haltung eifersüchtig, und sein Zorn löste Depressionen aus. Liebe bewahrt uns vor solchem sündigen Denken. Ein liebender Mensch freut sich, wenn anderen Gutes widerfährt. Also, John, gut merken: Sei nicht oberflächlich in deinem Charakter, indem du Zorn und Eifersucht in dein Herz lässt. Zorn macht dem Teufel Platz, aber Liebe hält die Türen fest verschlossen. Es gibt eine großartige Definition der Liebe aus einem berühmten Kapitel, das häufig auf Hochzeiten zitiert wird. Früher jedenfalls*", fügte ich hinzu.

„In einer modernen Übersetzung heißt es (ich habe es vor Jahren auswendig gelernt): ‚Die Liebe ist geduldig und freundlich. Sie ist frei von Eifersucht, Prahlerei, Stolz und Unhöflichkeit. Sie besteht nicht auf ihren eigenen Willen. Sie lässt sich nicht erbittern und rechnet das Böse nicht zu. Sie freut sich nicht über Ungerechtigkeit, sondern sie freut sich, wenn die Wahrheit siegt. Die Liebe gibt nie auf, verliert nie den Glauben, ist immer hoffnungsvoll und erträgt alle Umstände.‘ Das steht in 1. Korinther 15."

Ich hielt inne und dachte nach.

„Moment mal, das war das Kapitel über die Auferstehung. Es ist aus Kapitel 13. So viel zu meinem Gedächtnis", grinste ich.

„Die Bibel zeigt uns Jonas Macken. Wie würde dir das gefallen?" fragte ich.

„Was?"

„Wie würde es dir gefallen, im berühmtesten Buch der Welt mit all deinen persönlichen Problemen und Schwächen präsentiert zu werden? Aber das ist es, was wir in der Heiligen Schrift haben. Uns wird von glorreichen, aber auch von schlechten Tagen berichtet. Die Bibel sagt, dass alles zu unserer Belehrung ge-

schrieben wurde, damit wir „durch standhaftes Aus-
harren und durch den Trost, den die heiligen Schriften
gewähren, an der Hoffnung festhalten." Wir beobach-
ten, wie sie sich in die Nesseln setzen, in der Hoffnung,
dass wir nicht ihren Spuren folgen werden."

„*Und ich dachte, die Bibel sei nur ein trockenes,*
altes Geschichtsbuch", wunderte sich John.

„*Seit ich Christ geworden bin, ist es, als ob ... Ich*
weiß nicht, wie ich es erklären soll... es ist, als ob je-
des Wort lebendig wäre. Mir war nicht klar, dass es
so viel mit meinem Leben zu tun hat."

Ich musste schmunzeln.

„*Okay, John. Fass doch mal zusammen, was uns*
Jona lehrt. Wie können wir uns Schmerzen ersparen?"

„*Naja, seine Wut war kindisch und lieblos. Wenn*
er barmherzig gewesen wäre, hätte er sich über das
Wohl der anderen gefreut."

„*Das stimmt",* bemerkte ich.

„*Die Liebe schützt uns vor der Sünde und ihren*
Verbündeten, zu denen auch die Depression gehört.
Hast du schon einmal von Hiob gehört?"

„*Das einzige, was ich kenne, ist das Sprichwort*
von der Geduld des Hiob. Mein Vater murmelte das

immer, wenn etwas nicht klappte." Als John seinen Vater erwähnte, lag diesmal kein wütender Unterton in seiner Stimme wie noch am Tag zuvor.

„Ja. Wenn jemand zu Recht deprimiert war, dann war es Hiob. In der Bibel steht, dass er ein reicher Mann war, der alles im Leben hatte, einschließlich des Zeugnisses, dass er in den Augen Gottes untadelig war. Er war nicht ohne Sünde, hatte aber den meisten einiges voraus. Doch dann brach das Schicksal wie eine Tonne Ziegelsteine über ihn herein. An einem Tag verlor er nicht nur seinen ganzen Reichtum, auch alle seine Kinder kamen bei einer Tragödie ums Leben. Dann verlor er auch noch seine Gesundheit.

Hiobs Leid war so groß, dass er den Tag seiner Geburt verfluchte. Außerdem sagten ihm seine Freunde, dass Gott ihn für seine Sünden bestrafen würde - was aber nicht der Fall war. Gott ließ aus irgendeinem Grund zu, dass Hiob ein Schlag nach dem anderen traf", fuhr ich fort.

„Abgesehen davon, dass er uns lehren wollte, wie wir auf Stürme reagieren sollen. Wir sind wie Hiob aufgerufen, in der Prüfung geduldig zu sein. Betrachtet man jedoch sein gesamtes Leben, so stellt man

fest, dass Gott nicht nur alles wiederherstellte, was er ursprünglich verloren hatte, sondern Hiob sogar doppelt so viel gab und ihn mehr segnete als zuvor. Es hat sich also für ihn gelohnt. Und das ist der Trost, der uns helfen kann, in der Krise geduldig zu sein. Es ist wirklich nur eine Frage von Römer 8,28. Kennst du diesen Vers?"

„Ja. Alle Dinge wirken zum Guten mit."

„Richtig. Aber wie geht er weiter?", fragte ich.

„Irgendwas mit „berufen sein".

„ 'Wir wissen aber, dass denen, die Gott lieben, alle Dinge zum Guten mitwirken, nämlich denen, welche nach [seinem] Vorsatz berufen sind.' Die Verheißung gilt denen, die Gott lieben. Mit anderen Worten: Wenn du dich von Gottes Ziel und Willen abwendest, wird es wahrscheinlich nicht zu deinem Besten sein. Ich sage „wahrscheinlich", weil manche Christen vielleicht eine falsche geschäftliche oder beziehungstechnische Entscheidung treffen, die in einer Katastrophe endet. Sie kommen mit einem Riesendurcheinander zu Gott zurück, und in seiner Güte kann er es zu ihrem Besten wenden. Aber es wäre sicher einfacher gewesen, bei einer so weitreichenden Entscheidung auf die Weis-

heit des Herrn zu vertrauen. Leg also immer alles, was du tust, in Gottes Hände, und wenn die Dinge nicht so laufen, wie erwartet, dann vertrau auf die Verheißung in Römer 8,28. Das wird dir helfen, diese schwere Last von deinen Schultern zu nehmen." John nickte: *„Ich werde versuchen, daran zu denken."*

„Hiob war nicht der Einzige, der den Tag seiner Geburt verfluchte. Jahrelang litt Jeremia so sehr unter seinem Schmerz, dass er als ‚der weinende Prophet' bekannt wurde. Sowohl Hiob als auch Jeremia wünschten sich, sie wären nie geboren worden. Andere waren direkter und baten tatsächlich, sterben zu dürfen. Neben Jona baten auch die Propheten Elia und Mose Gott darum, sie zu sich zu holen. Interessanterweise nahmen sich diese Männer nicht durch Selbstmord das Leben; stattdessen baten alle drei Gott, ihnen das Leben zu nehmen. Was lehrt uns das?"

„Hmm." John dachte einen Moment nach, bevor er antwortete.

„Okay. Sagen Sie mir, ob ich es richtig verstanden habe. Anstatt sich selbst zu töten, wussten sie, dass ihr Leben Gott gehörte, und als der Geber des Lebens

war er der Einzige, der das Recht hatte, es zu neh-
men. Richtig?"

Ich kam mir vor wie ein Vater, der gerade sein
Kleinkind bei seinen ersten Schritten beobachtet
hatte.

"Volltreffer", sagte ich. *"Ganz genau. Ich denke,
es ist sehr wichtig zu bedenken, dass wir es hier mit
realen Menschen zu tun haben, die unter echten Depressionen litten und die Gott gegenüber ehrlich
waren, indem sie ihm ihr Herz ausschütteten. Als sie
verzweifelt waren, baten sie ihn um Hilfe. Und wir
können das genauso tun."*

*"Sie sind solche Koryphäen, dass man leicht die
Tatsache aus den Augen verliert, dass sie Menschen
wie wir waren",* stellte John fest.

*"Ja. Die Heilige Schrift beschreibt, dass sie die
gleichen Prüfungen und Schwierigkeiten durchmach-
ten wie wir, und in vielen Fällen wird uns sogar die
Lösung gegeben. Mose zum Beispiel wollte sterben,
weil er die schwere Last, die er trug, nicht allein
stemmen konnte, also gab Gott ihm Helfer, um die
Last zu erleichtern. Das gleiche Prinzip gilt auch für
dich. Wenn du deine Sorgen mit einem Freund oder*

einem Familienmitglied teilst, wird das dazu führen, dass die Last leichter wird und deine Probleme nicht übermächtig erscheinen."

Ich fuhr fort: „Der Prophet Elia war, nachdem er eine besonders schwierige Zeit hinter sich hatte, erschöpft und verzweifelt.

Die Bibel über Suizid

„Erkennt, dass der Herr Gott ist!
Er hat uns gemacht und sein sind wir."
(Psalm 100,3)

„Leben und Gnade hast du mir gewährt,
und deine Obhut hat meinen Odem bewahrt."
(Hiob 10,12)

„So spricht der Herr, der dich gemacht und dich
vom Mutterleib an gebildet hat, dein Helfer. . ."
(Jesaja 44,2)

„Sei aber auch nicht allzu gottlos und zu töricht:

Warum willst du vor deiner Zeit sterben?"

(Prediger 7,17)

„So spricht der HERR, der dich geschaffen hat . . .

Ich habe dich bei deinem Namen gerufen;

du bist mein!"

(Jesaja 43,1)

„Bedenkt wohl: Alle Seelen gehören mir"

(Hesekiel 18,4).

„In deinem Buch standen eingeschrieben alle Tage,

die vorbedacht waren,

als noch keiner von ihnen da war."

(Psalm 139,16)

„Ich werde nicht sterben, nein, ich werde leben und

die Taten des Herrn verkünden."

(Psalm 118,17)

„Du sollst nicht töten."

(2. Mose 20,13)

„Oder wisst ihr nicht, dass euer Leib ein Tempel des
in euch wohnenden Heiligen Geistes ist,
den ihr von Gott empfangen habt,
und dass ihr [somit] nicht euch selbst gehört?
Denn ihr seid teuer erkauft worden.
Macht also Gott Ehre mit eurem Leib!"

(1. Korinther 6,19.20)

„Wer Menschenblut vergießt, dessen Blut
soll wieder durch Menschen vergossen werden;
denn nach seinem Bild hat Gott
den Menschen geschaffen."

(1. Mose 9,6)

Gott forderte ihn auf, etwas zu essen und zu trinken und sich auszuruhen. Wie oft vernachlässigen wir unsere Gesundheit? Wenn wir uns nicht richtig ernähren und nicht ausreichend schlafen, kann das unser emotionales und körperliches Wohlbefinden beeinträchtigen und zu Depressionen führen. Befolge also den Rat deines Schöpfers, um Depressionen in Schach zu halten."

"Wow, das hört sich alles sehr gut an!" rief John aus. *"Ich hatte keine Ahnung, dass das alles da drin steht."*

Es tat so gut, seine Begeisterung zu sehen. Ein kleiner Teil in einer Reihe von göttlich arrangierten Ereignissen in seinem Leben zu sein, war ein großer Höhepunkt für mich. Viel zu oft geht es leider anders aus. Jeden Tag bringen sich Menschen um, ohne dass ihnen jemand eine andere Perspektive geben konnte. Aber bei John war es wunderbar gut ausgegangen. Ich freute mich über seinen Hunger nach Gott, und ich konnte es kaum erwarten, mehr mit ihm zu teilen:

"Ja, so ist die Bibel. Sie ist ein Lehrbuch für das Leben ... und für den Tod. Jemand hat sich ein tolles Akronym für das Wort ,Bibel' ausgedacht: Basic Instructions Before Leaving Earth."

John grinste. *"Das gefällt mir!"*

"Ja, ne? Und es geht noch weiter. Selbst König David kämpfte mit schweren Depressionen. Kennst du seine Geschichte?"

„Ja. Von Goliath."

„Das war ein anderer Kampf. Er hatte einen Kampf mit einem größeren Riesen und verlor."

„Das wusste ich nicht." Kommt dir vielleicht bekannt vor", begann ich.

„David ging auf der Dachterrasse seines Palastes spazieren, als er seine Nachbarin, eine schöne Frau namens Bathseba, beim Baden entdeckte. Dieser Riese war die Begierde."

„Ah, ich verstehe."

„Anstatt diesen Goliath zu bekämpfen, gab David ihm nach. Er beging Ehebruch mit ihr, und als sie dann mit seinem Kind schwanger wurde, trieb er nicht ihr Baby ab, sondern ihren Mann. Der König ließ ihn töten. Dann heiratete er Bathseba, und alles war gut. Sauber und ordentlich. Außer, dass Gott seine Sünde gesehen hatte."

„Das haben wir gar nicht in der Sonntagsschule behandelt. Wie ging es dann weiter?"

Ich konnte nur von Johns Lippen ablesen und schloss, dass er etwas über die Sonntagsschule gesagt haben musste. Gleich links von uns schien eine Mutter nicht zu bemerken, dass ihr Kleinkind sich

wie die Triebwerke einer 777 bei vollem Schub an-
hörte. Seine Pommestüte war zu Boden gefallen,
und sie war zu beschäftigt damit, einen anderen
ihrer Sprösslinge zu füttern, als dass sie sich um
sein Problem kümmern konnte. Nach einer gefühl-
ten Ewigkeit nahm sie eine Handvoll ihrer eigenen
Pommes und klatschte sie auf eine Serviette vor das
Kind. Sofortige Stille. Herrliche Ruhe. Erleichtert
fuhr ich fort.

*„Nun, Davids Sünde belastete ihn schwer und
führte ihn in eine tiefe Depression - ähnlich wie bei
dir."*

„Das stimmt", räumte John ein. *„Es war meine
Sünde, die mich in den Treibsand der Hoffnungslosigkeit trieb. Je mehr ich mich abmühte, desto tiefer geriet ich. Puh... . Gott sei Dank hat er mich gerettet."*

Ich fuhr fort: *„Als Davids Gewissen an ihm nag-
te, schüttete er sein Herz in mehreren Psalmen aus.
Hör dir zum Beispiel seine Worte in Psalm 38 an."* Ich
schlug ihn auf meinem Handy nach und begann,
Teile davon zu lesen:

*„'Ich bin gekrümmt, tief niedergebeugt; den gan-
zen Tag gehe ich trauernd einher. Erschöpft bin ich*

und ganz zerschlagen, ich schreie auf infolge des Stöhnens meines Herzens ... Denn nahe bin ich dem Fallen, und mein Schmerz ist mir allezeit gegenwärtig. Ach! Ich bekenne meine Schuld, bin bekümmert wegen meiner Sünde!... Eile zu meiner Hilfe herbei, o Herr, meine Rettung!' Als David schließlich seine Sünde bekannte und Gott um Erbarmen anflehte, gewährte er es, denn Gott ist reich an Erbarmen. Gott vergab ihm und wusch alle seine Sünden fort. Davids Gebet ist in Psalm 51 aufgezeichnet - es ist ein so schönes Beispiel für Bekenntnis und Reue, dass man es unbedingt einmal lesen sollte."

„Psalm 51. Okay, ich schreib's mir hinter die Ohren", antwortete John und sah dabei tief in Gedanken versunken aus. Er hielt inne und fügte dann hinzu:

„Darf ich Sie etwas fragen? Gott hat ihm vergeben? Sogar den Mord?"

„Ja ... sogar den Mord."

„Ernsthaft? Wollen Sie damit sagen, dass Gott, als er mir meine Sünden vergab, auch die Tatsache vergab, dass ich das Leben meines eigenen Kindes ausgelöscht habe?"

Deine Schuld kann vergeben werden

„Sei mir gnädig, o Gott, nach deiner Güte!
Nach deinem großen Erbarmen tilge meine
Übertretungen! Wasche mich völlig rein von
meiner Schuld und reinige mich von meiner Sünde!
Wasche mich, dass ich weißer werde als Schnee."

(Psalm 51,3.4.9)

„So fern der Sonnenaufgang ist vom Niedergang,
lässt er unsere Übertretungen fern von uns sein."

(Psalm 103,12)

„Denn ihren Ungerechtigkeiten werde ich gnädig
sein und ihrer Sünden nicht mehr gedenken."

(Hebräer 8,12)

„Ich, ich bin es, der deine Übertretungen tilgt um
meinetwillen und der deiner Sünden
nicht mehr gedenken will."

(Jesaja 43,25)

„Wenn wir unsere Sünden bekennen,

so ist er treu und gerecht,

dass er uns die Sünden vergibt

und uns von aller Ungerechtigkeit reinigt."

(1. Johannes 1,9)

„Du wirst alle unsere Sünden

in die Tiefen des Meeres werfen."

(Micha 7,19)

„So gibt es also jetzt keine Verdammnis mehr

für die, welche in Christus Jesus sind,

[...] die wir nicht nach dem Fleisch wandeln,

sondern nach dem Geist."

(Römer 8,1.4)

„Wenn wir aber im Licht wandeln,

wie er im Licht ist, so haben wir Gemeinschaft

miteinander, und das Blut seines Sohnes Jesus

macht uns von aller Sünde rein."

(1. Johannes 1,7)

„*Ja*", versicherte ich ihm.

„*In dem Moment, wo du Christus dein Leben übergibst, wird dir jede einzelne Sünde vollständig vergeben.*"

John umklammerte seine Faust und presste den Zeigefinger auf seine Unterlippe, während ihm Tränen in die Augen stiegen.

Ich wartete ein paar Sekunden, bis er sich wieder gefangen hatte.

„*Also, John*", fragte ich, „*was würdest du sagen, ist die Lehre aus Davids Geschichte? Wie kann sie uns helfen, nicht in eine Depression abzugleiten?*"

„*Naja, Menschen können depressiv werden, wenn sie mit Schuldgefühlen wegen geheimer Sünden zu kämpfen haben - so wie ich. Die Lösung ist also, Gott um Gnade zu bitten - wie David es tat - und Vergebung zu finden.*"

„*Genau. Gott hat dir ein Gewissen zum Schutz gegeben, also achte darauf, dass du darauf hörst. Bekenne jede Sünde, sobald sie dir bewusst wird. Die Bibel sagt, dass derjenige, der seine Sünden zudeckt, keinen Erfolg haben wird; wer sie aber bekennt und lässt, Gnade finden wird.*"

„Entschuldigen Sie, Sir. Sind das christliche Fil-me?" Es war Matthias.

Er hielt immer noch die Karte in der Hand. *„Ja"*, antwortete ich.

„Toll! Ich kann es kaum erwarten, sie zu sehen. Ich bin Christ."

John schien wie gebannt von dem Gespräch zu sein. *„Ich bin gestern Christ geworden!"*, rief er.

„Das gibt's doch nicht!" Matthias streckte die Hand aus und schüttelte John die Hand.

„Herzlichen Glückwunsch. Das ist ja wunderbar. Habt ihr die Bibelverse unter euren Tassen entdeckt?"

John drehte seine Tasse um und das Wasser tropfte auf den Tisch.

„Sprüche 3,5. Wow! Das ist ja cool."

Matthias holte reflexartig seinen Lappen heraus und wischte den Tisch sauber. *„Freut mich. Ich gehe dann mal wieder an die Arbeit. Danke nochmal für die Filme."*

Ich lächelte, drehte mich zu John um und mein-te: *„Netter Kerl. Okay, zurück zum Thema. Das Neue Testament hat noch ein paar weitere Ratschläge, um Depressionen zu vermeiden. Der Apostel Paulus wur-*

de nicht nur geschlagen und ins Gefängnis geworfen, sondern musste auch enorme Strapazen ertragen - weit mehr als die meisten von uns jemals erleiden werden -, doch er betrachtete sie als „Kleinigkeit" im Vergleich zu der Herrlichkeit, die ihn im Himmel erwartete. Indem er die ewige Perspektive im Auge behielt, verlor er den Mut nicht."

Ich fuhr fort: *„Paulus beschreibt auch, wie er und seine Mitstreiter Mühen und Ängste hatten, von allen Seiten bedrängt wurden und keinen Ausweg sahen. Kein Wunder also, dass er schreibt: ‚Wir waren über unser Vermögen hinaus beschwert, so dass wir sogar am Leben verzweifelten.' Aber, sagt er weiter, ‚wir sollten eben lernen, unser Vertrauen nicht auf uns selbst zu setzen, sondern auf den Gott, der die Toten auferweckt.' Unsere Option als Christen ist es, auf Gott zu vertrauen. Ein weiterer Vers also, den du dir einprägen solltest, ist der Vers auf deiner Tasse. Sprich ihn mir nach: ‚Vertraue auf den Herrn mit ganzem Herzen...'"*

„Vertraue auf den Herrn mit ganzem Herzen...", wiederholt John. *„Und verlass dich nicht auf deinen Verstand."*

„Und verlass dich nicht auf deinen Verstand. Verstanden."

„Das ist aus dem Buch der Sprüche, der Quintessenz der Weisheit Salomos. Wusstest du übrigens, dass es einen Punkt gab, an dem selbst der weiseste Mann, der je gelebt hat, alles deprimierend fand und das Leben hasste? Wie Salomo herausfand, liegt der einzige dauerhafte Lebenssinn im Vertrauen auf Gott."

„Wow, das wusste ich nicht. Und er war ein ziemlich weiser Mann, oder?"

„Das kann man wohl sagen." Ich grinste.

„Das bringt mich zu Jesus - unserem ultimativen Beispiel. Gott in Menschengestalt. Gerade weil Jesus auch ein Mensch war, kann er mit unseren Schmerzen und Schwächen mitfühlen. In der Bibel heißt es, dass er ‚ein Mann der Schmerzen und des Leids' war, und es gab Zeiten, in denen er so erschüttert war, dass er in seinem Geist seufzte. In der Nacht, als er wusste, dass er am nächsten Tag gekreuzigt werden würde, sagte er, dass seine Seele ‚tief betrübt war, bis zum Tod'. Kommt dir das bekannt vor?"

„Oh ja", stimmte John zu. *„So habe ich mich auch gefühlt. Das hätte ich jetzt nicht gedacht ..."*

„Hier ist ein wichtiger Vers aus dem Johannesevangelium, den ich dir vorlesen möchte.

Als Jesus in jener Nacht im Garten betete, sagte er: ,Jetzt ist meine Seele erschüttert, und was soll ich sagen? Soll ich bitten: Vater, errette mich aus dieser Stunde? Aber zu diesem Zweck bin ich in diese Stunde gekommen.' Weißt du, wovon er sprach?"

„Klar. Jesus kam auf die Erde, um sein Leben als Preis für unsere Sünden zu geben. Meine Sünden", fügte John lächelnd hinzu.

„Genau. Jesus dachte nie daran, sich das Leben zu nehmen, nicht einmal für einen Moment. Sich von einem hohen Berg zu stürzen, wie Satan ihm einzureden versucht hatte - oder von einer Brücke - hätte ihn daran gehindert, den Zweck seines Lebens zu erfüllen. Und das Gleiche gilt für dich. Gott hat dich für einen bestimmten Zweck geschaffen und dir das Leben aus einem bestimmten Grund gegeben. Deine Existenz hier auf der Erde hat einen Sinn, und nur bei Gott erfährst du, welcher das ist. Was ich damit sagen will, ist, dass Gott dich gebrauchen könnte, um dieser Generation wie Paulus damals zu sagen, dass

sie nicht allein sind und dass sie sich nichts antun sollen", schlug ich vor.

„Da fällt mir ein, wie hättest du dich eigentlich verhalten?" Er schaute verwirrt.

„Wann jetzt genau?" *„Wie wärst du jemandem begegnet, der am Rande der Ewigkeit auf einem Vorsprung der Golden Gate Bridge sitzt?"*

John runzelte die Stirn. *„Keine Ahnung."*

„Was war denn der Wendepunkt in unserem Gespräch?"

„Der Wendepunkt ..." Er nahm seine Tasse Wasser, trank einen Schluck und sagte: *„Als Sie mich zum ersten Mal ansprachen, war ich wirklich verärgert. Dass Sie da waren, hat alles komplizierter gemacht. Ich wollte nichts mit Ihnen zu tun haben. Aber da war etwas in Ihrem Tonfall... eine Wärme... und eine Liebe. Ich konnte echte Sorge spüren. Der Wendepunkt kam erst, als ich begann, das Kreuz zu verstehen, aber die Geschichte von dem Mann, dem die Chirurgen das Herz aus der Brust geschnitten hatten, war wie ein Schlag ins Gesicht. Sie ließ mich plötzlich an meinem Vorhaben zweifeln."*

Dein Leben hat einen Sinn

„Alle, die mit meinem Namen genannt sind
und die ich zu meiner Ehre geschaffen habe,
alle, die ich gebildet und gemacht habe!...
Dieses Volk, das ich mir gebildet habe,
soll meinen Ruhm verkündigen!"

(Jesaja 43,7.21)

„Geht hin in alle Welt und verkündigt das
Evangelium der ganzen Schöpfung."

(Markus 16,15)

„Denn sein Gebilde sind wir, in Christus Jesus
geschaffen zu guten Werken, die Gott im Voraus
bereitet hat, damit wir in ihnen wandeln sollen."

(Epheser 2,10)

„Darin besteht aber das ewige Leben,
dass sie dich, den allein wahren Gott,
und den du gesandt hast,
Jesus Christus, erkennen."

(Johannes 17,3)

„Jesus Christus, der sich selbst für uns
dahingegeben hat, um uns von aller
Gesetzlosigkeit zu erlösen und sich ein Volk
zum Eigentum zu reinigen,
das eifrig sei in guten Werken."

(Titus 2,14)

„Ihr dagegen seid das auserwählte Geschlecht,
die königliche Priesterschaft, das heilige Volk,
das zum Eigentum [erkorene] Volk,
und sollt die Tugenden dessen verkünden,
der euch aus der Finsternis
zu seinem wunderbaren Licht berufen hat."

(1. Petrus 2,9)

„...damit ihr so, wie es des Herrn würdig ist,
zu seinem völligen Wohlgefallen wandelt.
Ja, möchtet ihr in jedem guten Werk Frucht bringen
und in der Erkenntnis Gottes wachsen!"

(Kolosser 1,10)

„'Du sollst den Herrn, deinen Gott,
lieben mit deinem ganzen Herzen und mit deiner
ganzen Seele und mit deinem ganzen Denken.'
Dies ist das erste und größte Gebot."

(Matthäus 22,37.38)

„Mehr braucht es oft nicht. Liebe und Freundlichkeit
gepaart mit dem Evangelium."

„Das kann ich auch. Ich kenne einige, die mit De-
pressionen zu kämpfen haben, und ich möchte ihnen
weitergeben, was ich gelernt habe. Das ist die Ant-
wort auf unsere Probleme."

„Wenn die Welt dem Ruf des Evangeliums folgen
würde, wenn sie das tun würde, was du getan hast
- sich von der Sünde abwenden und dem Erlöser ver-
trauen -, dann wäre das Leben für die Menschheit
sicherlich besser." Da war er wieder, dieser wunderbare „Walk-on-Water"-Enthusiasmus eines jungen
Christen. Ich wollte Johns Glauben, dass Gott diese kaputte Welt in Ordnung bringen würde, nicht

dämpfen. Das einzige Hindernis ist der Mensch selbst. Also wählte ich meine Worte sorgfältig.

„Schau mal: Laut Experten kennt man weder die Ursache für chronische Depressionen, die zu Selbstmord führen, noch ein Heilmittel. Das Einzige, was uns bleibt, ist die Symptome zu behandeln: mentale Probleme, Schuldgefühle, Eigenhass, das Gefühl der Sinnlosigkeit und Hoffnungslosigkeit.

„Nachdem ich viele Jahre beobachtet habe, wie chronische Depressionen und Selbstmord zu einer Epidemie auswuchsen, bin auch ich ernsthaft davon überzeugt, dass die einzige Antwort auf dieses schreckliche Dilemma das Evangelium von Jesus Christus ist. Es verspricht einen gesunden Geist, völlige Befreiung von der Last der Schuld, einen Lebenssinn, einen Grund zum Leben, Freiheit von der Angst vor dem Tod und die lebendige Hoffnung auf ein ewiges Leben.

Die Hoffnungslosigkeit verschwindet in dem Moment, in dem wir wiedergeboren werden. Auch wenn wir alle unsere emotionalen Höhen und Tiefen haben, sind es gerade wir Christen, die nicht deprimiert sein und an Selbstmord denken sollten. Wir wissen, dass

Gott uns liebt; das hat er mit dem Kreuz bewiesen. Er hat uns alle unsere Sünden vergeben und uns ewiges Leben geschenkt! Denk mal einen Moment darüber nach. Dann verspricht er, alles zu unserem Besten zu führen. Alles. Damit behaupte ich aber nicht, dass wir als Christen nie niedergeschlagen sind oder sogar manchmal Depressionen haben werden", fügte ich hinzu.

„Das Leben ist voll von Prüfungen und dem Bösen, über das wir gesprochen haben, aber in Christus haben wir immer Hoffnung."

Nach einer Studie zum Thema Selbstmord fasst das *American Journal of Psychiatry* zusammen:

„ Nichtreligiöse Probanden unternahmen signifikant mehr Selbstmordversuche im Leben ... Probanden ohne Religionszugehörigkeit sahen weniger Gründe für das Leben, insbesondere weniger moralische Einwände gegen einen Selbstmord."

9 Ein Schlag ins Gesicht

John lehnte sich leicht vor und legte seine Handflächen auf den nun sauberen Tisch.

„Ich hätte da noch eine andere Frage", begann er. *„Ich hatte einige Freunde, die Christen geworden waren, und eine Zeitlang ging es ihnen gut. Sie wurden frei von Drogen und Alkohol, aber dann kehrten sie plötzlich in ihr altes Leben zurück! Warum war das so?"*

„Sie waren höchstwahrscheinlich sogenannte ‚Scheinbekehrte' - in der Bibel wird viel darüber gesprochen. Viele Menschen glauben, dass sie Christen werden, indem sie ein Gebet sprechen oder einer Kirche beitreten, anstatt das zu tun, was die Bibel befiehlt: Buße tun und auf Christus vertrauen. Die Freunde, die „abfielen", taten dies wahrscheinlich, weil sie zu Christus kamen, um ihre Probleme gelöst zu bekommen, und nicht, um ihre Sünden vergeben zu bekommen. Sie waren also nicht wirklich wiedergeboren."

Er lehnte sich wieder auf seinem Stuhl zurück und sagte: *„Der Grund, warum ich das Thema angesprochen habe, ist, dass ich Angst habe, abzufallen!"*

Das war eine berechtigte Sorge für einen neuen Christen.

____

Ich erwiderte: *„Wie ich schon sagte, kann dich nichts von Gottes Liebe trennen. Nicht einmal der Tod. Die Bibel sagt, dass derjenige, der ein gutes Werk in dir begonnen hat, es auch vollenden wird und dass er dich vor dem Fall bewahren und dich mit großer Freude fehlerlos vor dem Angesicht seiner Herrlichkeit darstellen wird. Du kannst also darauf vertrauen, dass er dich nicht fallen lassen wird.*

„Es ist dasselbe Vertrauen, das dir den Sieg über die Depression geben wird. Dein Glaube wird dir eine Freude geben, die im Gefängnis Lieder singt. Und wenn der Feind dir Selbstmordgedanken zuflüstert, fordert die Heilige Schrift dich auf, dich Gott zu unterwerfen und dem Teufel zu widerstehen, damit er von dir flieht. Lass dich von Gottes Wort leiten, und Selbstmord wird keine Option mehr sein."

John sagte nichts, hing aber an jedem meiner Worte.

„Gott war es, der seine Hand nach dir ausstreckte, als du verzweifelt auf dem Vorsprung saßest. Er war es, der dich aus den Fängen des Feindes gerissen, aus der Dunkelheit herausgeholt und in herrliches Licht gestellt hat", fuhr ich fort.

„*Und jetzt hat er dir und mir denselben Auftrag gegeben, den er schon dem Apostel Paulus gegeben hat. Er sagte, Paulus solle ihnen ‚die Augen öffnen, damit sie sich von der Finsternis zum Licht und von der Gewalt des Satans zu Gott bekehren, damit sie Vergebung der Sünden und ein Erbteil unter denen erhalten, die durch den Glauben an [Jesus] geheiligt sind' (Apostelgeschichte 26,18). John, bring dieses Licht zu den Millionen, die hilflos am Rande der Ewigkeit in der Finsternis des Todesschattens sitzen. Möge er dich gebrauchen, um viele zu erreichen.*"

„**Heller** als der Mittag
wird **dein Leben** erstehen;
mag es **finster sein** – wie der
Morgen wird es werden.
Und du wirst *Vertrauen* fassen,
weil es *Hoffnung* gibt."

(nach Hiob 11,17.18a)

Hoffnung weitergeben

In ihrem Buch „Hope Prevails: Insights from a Doctor's Personal Journey through Depression" berichtet die christliche Psychologin Dr. Michelle Bengtson, dass sie jede Woche Patienten mit psychischen Störungen und Depressionen behandelte. Sie stellte die Diagnose und gab Behandlungsempfehlungen. Doch trotz all ihres Fachwissens geriet sie selbst in das dunkle, tiefe Tal der Depression. Sie schreibt:

„Der größte Schock kam, als ich die gleichen Behandlungsvorschläge ausprobierte, die ich meinen Patienten normalerweise empfahl - und sie nicht funktionierten. Ich versuchte es mit Medikamenten, besuchte eine Therapie, ernährte mich gesund und trieb regelmäßig Sport. ... aber all das reichte nicht. Erst als ich zu verstehen begann, dass Depressionen eine geistliche Komponente haben und dass ich begrenzt war, und dann anfing, mit Gott zusammenzuarbeiten, erlebte ich endlich, wie die Ketten der Depression abfielen." Sie schloss mit den Worten: „Während meines Kampfes hatte ich keinerlei Hoffnung. Ich war nicht sicher, ob ich überleben würde. Ich war mir nicht einmal sicher, ob ich überleben wollte. Aber die Hoffnung - der Glaube an ein Ziel, der Glaube an etwas Besseres - kann den entscheidenden Unterschied ausmachen. Wenn wir ohne Hoffnung sind, welchen Grund haben wir dann, morgens aufzustehen? Mit Hoffnung wollen wir vorankommen, weitermachen, auf die andere Seite gelangen und dann mit anderen teilen, was wir gelernt haben, um ihnen in Zeiten der Prüfung Hoffnung zu geben."

Weiterführendes

Um mehr über dieses wichtige Thema zu erfahren, empfehlen wir den kostenlosen Film „EXIT". Der Film „EXIT" von Living Waters, den Machern der preisge-krönten Fernsehsendung „The Way of the Master" und der beliebten Filme „180" und „Evolution vs. God", ist ein fesselnder und hoffnungsspendender Film. Nach Angaben der Weltgesundheitsorganisation nehmen sich jedes Jahr 800.000 Menschen das Leben – also ein Todesfall alle 40 Sekunden. Für Millionen von Men-schen, die unter Depressionen und Verzweiflung leiden, zeigt „EXIT" einen Ausweg auf. Dieser fesselnde Film er-hellt die Dunkelheit und bietet denjenigen, die glauben, keine zu haben, echte Hoffnung. Möglicherweise denkt ein Bekannter von Ihnen insgeheim über seinen end-gültigen Abschied nach. Sehen Sie sich „EXIT" an und teilen Sie ihn mit Menschen, die Ihnen wichtig sind. Be-suchen Sie theEXITmovie.com, um „EXIT" anzuschau-en, Informationen über eine 4-teilige Videokursreihe zu erhalten und zusätzliche Hilfe zu finden.

Weitere Ressourcen und Informationen über den Dienst von Ray Comfort finden Sie unter: **LivingWaters.com.**

Wenn Sie Selbstmordgedanken haben, suchen Sie bitte Hilfe. Nutzen Sie die folgenden Kontaktmöglichkeiten:

- **Webseite:**
  Besuchen Sie *www.heukelbach.org/service/kontakt* für weitere Informationen und Unterstützung.
- **E-Mail:**
  Schreiben Sie an: *fragen@heukelbach.org*, um mit einem Seelsorger in Kontakt zu treten.

Der Service der Stiftung Heukelbach ist kostenfrei, vertraulich und steht Ihnen zur Verfügung. Bitte zögern Sie nicht, diese Ressourcen zu nutzen. Es ist wichtig, mit jemandem zu sprechen und Unterstützung zu erhalten.

Wenn Sie mehr über das Christentum erfahren möchten, sehen Sie sich bitte die folgenden hilfreichen Quellen an:

www.mission-heute.de
www.seelenretter.info
www.heukelbach.org
www.bibelseiten.de